WESTEND

← BITTE LESEN

ALBRECHT MÜLLER (HRSG.)

DIE IM DUNKELN SIEHT MAN NICHT

70 Zeitzeugen zu den missachteten Folgen der Corona-Politik

Eine Dokumentation der NachDenkSeiten

WESTEND

Danke den Zeitzeugen dafür, dass sie den vielen Betroffenen eine Stimme gegeben haben.

Danke an Philipp Müller, der kreativ und effizient lektoriert und beraten hat.

Danke dem Westend Verlag für den Mut, die menschlichen Folgen der Corona-Politik ans Licht zu holen und diese Dokumentation so schnell aufzulegen.

Mehr über unsere Autoren und Bücher:
www.westendverlag.de

Die Deutsche Nationalbibliothek verzeichnet diese Publikation in der Deutschen Natiönalbibliografie; detaillierte bibliografische Daten sind im Internet über http://dnb.d-nb.de abrufbar.

MIX
Papier aus verantwor-
tungsvollen Quellen
FSC® C083411

ISBN 978-3-86489-323-0
© Westend Verlag GmbH, Frankfurt/Main 2020
Umschlaggestaltung: © Buchgut, Berlin
Satz: Publikations Atelier, Dreieich
Druck und Bindung: CPI – Clausen & Bosse, Leck
Printed in Germany

Inhalt

I. Einführung

Dieses Buch gehört auf den Tisch der über Corona-Maßnahmen entscheidenden Politikerinnen und Politiker und der einschlägigen Wissenschaft. Sie haben im März, im Oktober und November 2020 wenig umsichtig, geradezu engstirnig entschieden. Diese Dokumentation soll deshalb ans Licht holen, was bisher von den Offiziellen der Corona-Politik höchst selten erwähnt und schon gar nicht beachtet wird: Die Corona-Maßnahmen haben für viele Menschen böse, bisweilen sogar tödliche Folgen – nicht nur wirtschaftlich, sondern auch menschlich, seelisch und gesellschaftlich.

In der öffentlichen Debatte um das neue Virus wird vor allem diskutiert, welche gesundheitlichen Gefahren von ihm ausgehen und was die Politik dagegen tun sollte. Als sogenannte Experten werden Fachleute aus dem Bereich der Medizin und der Gesundheitspolitik herangezogen. Ihre Gesichtspunkte, ihr Wissen und ihre Gedanken gehen dann in die politischen Entscheidungen ein.

Weil die Folgen, die Risiken und Nebenwirkungen der Corona-Politik von Anfang an viel zu wenig beachtet wurden, hat die Redaktion der NachDenkSeiten am 22. Oktober 2020 ihre Leserinnen und Leser in einem Aufruf darum gebeten, von ihren Erfahrungen mit der Corona-Politik zu berichten.

Darin hieß es, man müsse die Folgen dieser Politik bei »einfluss-losen Kreisen« dokumentieren. Diese Formulierung war bewusst gewählt und sie ist berechtigt. Was die Corona-Maßnahmen bei Menschen anrichten, die nicht im Scheinwerferlicht des öffentlichen Lebens stehen, ist so bemerkenswert wie bedrückend. Besonders betroffen und meist nicht beachtet sind zum Beispiel (in zufälliger Reihenfolge):[1]

- Kleinkinder, Kinder, Jugendliche: Die Langzeitwirkung der Einschränkungen, die man den jungen Menschen zumutet, wird von den politisch Verantwortlichen weder erkundet noch berücksichtigt.
- Pflegebedürftige und Menschen in Altenheimen
- Psychisch Belastete und Kranke
- Künstler, Musiker, Kabarettisten
- Einsame Menschen
- Inhaber von Kinos und Theatern
- Schauspieler
- Chorleiter und -sänger
- Honorarkräfte in der Erwachsenenbildung
- Psychosoziale Fachkräfte
- Menschen, die in der Gastronomie arbeiten
- Gastwirte, Inhaber von Kneipen und Clubs
- Leiter und Teilnehmer von Tanzkursen und Tanzveranstaltungen
- Menschen, die sich in ihrer Freizeit kreativ betätigen
- Veranstaltungsschaffende
- Menschen ohne finanzielle Reserven

---

1 Redaktionelle Anmerkung: Zur besseren Lesbarkeit haben wir in dieser Aufzählung die maskuline Form benutzt. Frauen sind natürlich nicht minder – und in vielen Fällen noch stärker – betroffen als Männer.

- Alleinerziehende
- Geschiedene ohne Sorgerecht
- Menschen, deren Lebensqualität von Nebeneinkommen abhängt
- Familien, die in engen Wohnungen hausen müssen
- Unternehmen ohne finanzielles Polster
- Menschen, die keine Maske tragen dürfen (COPD = chronisch obstruktive pulmonale Dyspnoe, Asthmatiker etc.)
- Autistische Kinder und deren Eltern
- Menschen mit Schulden
- Gehörlose und andere Menschen, die kommunikativ auf Mimik und Lippenlesen angewiesen sind
- Flüchtlinge und Menschen, die sich um diese kümmern
- Angestellte in der Tourismusbranche
- Studienanfänger, Azubis, Praktikanten, Abiturienten: Die Berufsfindung wird jungen Leuten aktuell massiv erschwert! Hat das irgendjemand in Berlin im Blick?
- Usw.

Diese Liste ist lang und dennoch vermutlich nicht einmal annähernd vollständig. Wir begegnen heute überall viel Leid, Traurigkeit und Ausweglosigkeit. Die zu befürchtenden Langzeitfolgen sind noch nicht einmal einbezogen, weil das nur schwer möglich ist. Aber eine ordentliche, eine gute Politik müsste sich auch darüber Gedanken machen.

Unsere Dokumentation soll wenigstens helfen, bei neuen Entscheidungen etwas umsichtiger vorzugehen.

Die NachDenkSeiten hatten die Antworten ihrer Leserinnen und Leser in zwei Dokumentationen – am 26. Oktober und am 12. November – ins Netz gestellt. Da werden spannende und bedrückende Geschichten erzählt.

Ein Leser schlug vor, die Dokumentation der Stimmen jener, die im Dunkeln leben, sollte auch als kleines Buch veröffentlicht werden, damit diese bewegenden Erkenntnisse auch von Menschen gelesen werden können, die den üblichen Zugang zum Netz nicht haben.

Wir haben diesen Vorschlag aufgegriffen. Hier ist die Dokumentation.

Sie enthält in Kapitel II. 70 Berichte und zusätzlich ein Interview des NachDenkSeiten-Redakteurs Jens Berger mit dem DJ Benny Ruess. Im Kapitel III. sind vier Artikel aus den NachDenkSeiten wiedergegeben. Drei davon stammen vom April 2020, einer vom Juni. Schon am 1. April, also eine Woche nach dem Beschluss unserer Regierungen zum Lockdown, hatten wir eindringlich und im Einzelnen auf die Folgen der am 22. März beschlossenen Corona-Maßnahmen aufmerksam gemacht. Die politisch entscheidenden Personen in Berlin und in den Landeshauptstädten hätten damals schon wissen können und wissen müssen, dass es nicht nur die medizinischen Belange, sondern auch die gesellschaftlichen und persönlichen Folgen der Corona-Politik gibt.

Noch ein paar Anmerkungen zu den Berichten und deren Darstellung: Die Berichtenden sind mit Klarnamen genannt, wenn sie dem zustimmten. Sie sind anonymisiert oder in Initialen genannt, wenn sie das so wollten.

In der Regel wurden die Berichte wortgetreu übernommen. An manchen Stellen trat eine sanfte redaktionelle Hand hinzu, etwa um allzu grobe Rechtschreibfehler zu korrigieren, die Lesbarkeit zu verbessern und um bisweilen persönliche Beleidigungen zu streichen.

Viele derjenigen, die geschrieben haben, sind offensichtlich sehr aufgewühlt, weil die Corona-Maßnahmen ihr persönliches Leben in bedrückender Weise beeinflussen. Deshalb sind emotionale und teilweise hart kritisierende Reaktionen verständlich. Auch hier haben wir nur diejenigen außen vor gelassen, die beleidigend sind.

Manche Einschätzung, die wir nicht teilen, haben wir stehen lassen. Zum Beispiel halten wir Vergleiche zwischen dem Tragen einer Maske und dem Tragen eines Judensterns für unangemessen, haben aber solche Anmerkungen dennoch in die Dokumentation aufgenommen, wenn der Text ansonsten informativ war.

Schließlich bekamen wir auch Texte, welche trotz oder vielleicht auch wegen all der Mühe, die in sie hineingeflossen sind, einfach zu lang waren und den Umfang des Bandes drastisch erhöht hätten. Um ihn für alle erschwinglich zu halten und weil wir unsere Leserschaft nicht zensieren wollen, mussten wir auch hier schweren Herzens Abstriche machen.

Zum Schluss zur Information und zur Erinnerung: Der Titel *Die im Dunkeln sieht man nicht* ist der Dreigroschenoper von Bert Brecht entnommen. Das passt auch dem Inhalt nach.

Albrecht Müller

II. 70 Zeitzeugen zu den missachteten Folgen der Corona-Politik

Betrifft: Corona-Politik

Er, 54 Jahre, Logistikarbeiter nahe am Mindestlohn. Ehefrau, 42 Jahre, in zwei Nebenjobs an verschiedenen Wochentagen, Mindestlohn.

Beide besserten ihr Gehalt in den letzten Jahren als Gesangsduo und DJ auf und konnten bisher auf diese Weise ihr kleines Häuschen und den dafür notwendigen Kleinbus finanzieren.

Nunmehr Totalausfall des Nebenerwerbs bzw. nur ganz sporadisch …

Es wird immer enger mit der Finanzierung. Wohnhaft in Sachsen-Anhalt.

Betrifft: Belastungen im sozialen Bereich durch die Corona-Pandemie

Liebes Team der NachDenkSeiten,

ich bin psychologische Psychotherapeutin in Nordrhein-Westfalen. Seit der Pandemie erlebe ich täglich über meine Patienten enorme Belastungen im sozialen Bereich.

Leider ist es mir aus datenschutzrechtlichen Gründen nicht möglich faktenreich zu berichten. Allerdings möchte ich trotzdem versuchen ein Bild dessen zu vermitteln, wie es sich für meine Patienten gestaltet und auch für mich.

Lassen Sie mich noch erwähnen, dass auch wenn ich den Datenschutz für absolut sinnvoll erachte, er leider hier dazu führt, dass Einblicke in die tatsächliche Belastung verschleiert werden und ihre Kraft dadurch verlieren. Schlussendlich ist die Bevölkerung vielleicht auch deswegen nicht gut genug informiert: Wir dürfen ja nichts sagen!

Mein Eindruck ist der, dass Patienten, die unter Belastungen leiden, leider häufig den Rückschluss ziehen, das Problem »selbst verschuldet zu haben«, weil sie sich für »nicht belastungsfähig«, für »zu schwach« halten oder sich gar beschreiben als »sowieso psychisch labil«. Dadurch thematisieren sie ihre Belastung auch häufig weniger im Alltag mit anderen, aus Scham und Ängsten, von anderen abgestempelt oder nicht ernst genommen zu werden. Damit stehen sie langfristig im Umfeld mit noch weniger Unterstützung da. Medien, die Informationen oder gar Umfrageergebnisse publizieren, die eine große Zustimmung zu einschneidenden Maßnahmen darlegen, veranlassen Patienten noch mehr dazu, sich im Schneckenhaus zurückzuziehen. Der Tenor lautet: »Sind ja alle ganz zufrieden damit. Also bin wohl nur ich belastet. Ergo bin ich das Problem.« Solche Gedanken sind Killer für das Selbstvertrauen.

Die Zustände der meisten meiner Patienten haben sich im Rahmen der Pandemie verschlechtert. Selbst Patienten, deren Therapien vor der Krise erfolgreich abgeschlossen wurden, meldeten sich erneut. Für die psychische Stabilität ist es wichtig, dass sich das Maß an Belastungen und der Zugang zu Ressourcen die Waage halten. Insbesondere Depressionen sind dann vorprogrammiert, wenn die Waage zugunsten der Belastungen kippt. Das geschieht, wenn mehr Belastungen entstehen oder weniger Ressourcen vorhanden sind. In der Pandemie hatten wir beides. Viele Arbeitnehmer sahen sich zur Lockdown-Zeit der Situation ausgeliefert weiter arbeiten gehen zu müssen, aber auf Freizeitgestaltung verzichten zu müssen. Die Ressourcen wurden ausgeschaltet. Dazu zählten die Besuche von Freunden und Verwandten, der Plausch mit der besten Freundin beim Weinchen im Lokal nebenan, der Kinobesuch, der Sportunterricht, die Shopping Tour und andere. In der Politik wurde dieser Verzicht oft verharmlost. Man könne ja viel machen wie Spazierengehen, hieß es. Aber so funktionieren Menschen nicht! Jeder ist anders. Der eine braucht Urlaub im Süden, um sich stabil zu halten, der andere braucht Familienfeste und meinetwegen gibt es auch die Frischluftfreunde. Die Vielfalt ist jedoch unendlich! Zudem wurden die Arbeitsbelastungen stärker. Für Pflegepersonal, das ohnehin in meiner Praxis eine stark repräsentierte Berufsgruppe ist, wurde vor allem die Schuld zum größten Problem. Ständig fühlten sie sich begleitet von dem Gedanken, aufpassen zu müssen, um Corona nicht in die Arbeit »einzuschleppen« und für den Tod von Pflegenden verantwortlich zu sein. Und gleichzeitig sahen sie sich konfrontiert mit dem Umstand, dass selbst sieben Monate nach Ausbruch der Pandemie in Deutschland immer noch keine besondere Schutzausrüstung zur Verfügung steht bzw. Testungen für das Personal. Meine Patienten in diesem Bereich haben sich in ihrer sozialen Freizeit noch mehr zurückgenommen als andere. Die Folge: Isolierung, Depression.

Für die Familien mit Kindern war es gruselig! Eine Beschreibung wie »Spagat zwischen Home-Office und Kinderbetreuung« bildet nicht annähernd die Realität ab. Eltern sahen sich mit großen Schuldgefühlen konfrontiert den Kindern und der Arbeit nicht mehr gerecht zu werden. Wie auch soll das realisiert werden? Sich an Home-Office anzupassen ist nicht so schön, wie es sich anhört. Home-Office bedeutet nicht gemütlich auf der Couch zu liegen und etwas fröhlich in den Laptop zu tippen. Das Arbeiten ist komplexer, fehlt es doch oft an Ausstattung oder auch technischen Kompetenzen, seine Arbeit auf diese ungewohnte Weise zu verrichten. Und es fehlt der kollegiale Austausch, der Schwatz in der Teeküche. Dazu fehlt häufig die Ruhe, weil noch andere Familienmitglieder zugegen sind. Anpassung daran ist so stressig, als hätten sie den Job gewechselt. Sie machen zwar noch dasselbe, was sie einst lernten, aber die Umstände sind andere. Dazu kam die Kinderbetreuung. Was bedeutet das? Jeder Elternteil weiß, wie anstrengend es sein kann, nach einem halben oder vollen Tag das Kind abzuholen und den Rest des Tages sinnvoll zu gestalten. Man ist selbst vom Arbeitstag erledigt, aber man ist dann gefragt. Man hat dann nicht frei, um aus eigenen Ressourcen zu schöpfen. Man schafft dann Ressourcen für die Kinder, gestaltet Freizeit, fördert bei Bedarf. In der Pandemie zeigten sich Eltern in meiner Praxis belastet durch die Zunahme mehrerer Rollen: Vom Teilzeitfreizeitgestalter wurden sie befördert (oder drangsaliert … wie man es sehen mag) zum Lehrer, zum Vollzeitfreizeitgestalter, zum Nachhilfelehrer, zum Großelternersatz, zum Tanztrainer, zur besten Freundin der Kinder. Mal abgesehen davon, dass das für Kinder nicht ausreichend ist, wenn Mama oder Papa plötzlich alles macht und es keine Abwechslung gibt, wer soll das schaffen? Wo blieben oder bleiben auch heute noch die Kapazitäten für die Eltern, sich selbst zu erholen? In der Freizeit werden sie ständig von Corona eingeholt: »Wie wird es weitergehen? Wird mein Kind mit der Angst zurechtkommen? Wird es weiter beschult? Entstehen ihm in der Zukunft Nachteile durch schlechtere Beschulung? Welche neuen Regeln gilt es zu beachten?« Eine Patientin meinte letztens zu mir, nachdem der geplante Herbsturlaub durch das Beherbergungsverbot bedroht wurde: »Hätte ich gewusst, dass ich mit so viel Sorgen verreise, ich hätte es nicht gebucht. Das hätte ich mir und meiner Familie erspart. Urlaub ist für mich auch, dass ich Vorfreude erlebe. Meine Freude vor und im Urlaub war völlig zerstört.«

Viele Hilfsangebote, auf die besonders psychisch belastete Patienten angewiesen sind, wurden und werden immer noch eingeschränkt: Nachmittagsbetreuung an den Schulen, Ferienbetreuungen, psychiatrische Unterbringungen, psychosomatische Rehabilitationen.

Ich könnte noch viel mehr erzählen, von den verängstigten Menschen, die seit März nicht mehr in meine Praxis kommen und nur per Video zu geschaltet werden, damit sie sich nicht anstecken, von Krebspatienten, die keine Behandlungen bekommen und nicht durch Krebs, sondern durch die fehlende Unterstützung traumatisieren, aber die Geschichten wären unendlich …

In letzter Zeit überfällt mich öfter der Wunsch, meinen Job an den Nagel zu hängen. Sie können traumatisierte Patienten nicht heilen, wenn die Traumatisierung noch anhält. Sie können Depressionen nicht heilen, wenn die Ressourcen nicht erreichbar sind und die Belastungen statt abgebaut politisch eher gesteigert werden. Sie können Ängste nicht heilen, wenn die Vermeidung (ein angstaufrechterhaltendes Symptom) politisch angeordnet wird. Es ist ein Kampf gegen Windmühlen …

Herzliche Grüße
Diplom-Psychologin M.

Betrifft: Risiken und Nebenwirkungen

Sehr geehrtes Team der NDS,

als Hausärztin im Bayerischen Wald sehe ich die Nebenwirkungen praktisch täglich. Ich möchte drei Beispiele nennen:

1. Ein Patient mit vorbestehender Angsterkrankung hat das eigene Grundstück ca. drei Monate nicht verlassen aus Angst vor Ansteckung. Früher war er sehr häufig in meiner Praxis, jetzt fast nicht mehr.

2. Ein Patient mit dringendem Verdacht auf Herzinfarkt hat die stationäre Einweisung ins Krankenhaus verweigert, weil er da Corona bekomme.

3. In unserem Landkreis wurden wegen Überschreiten der ominösen 50 Corona-Positiven pro 100 000 die Schüler z. T. wieder online unterrichtet. Dies hat zur psychischen Dekompensation mit Krankschreibung einer berufstätigen Mutter geführt, weil sie nicht mehr wusste, wie sie das alles managen soll.

Eine meiner Mitarbeiterinnen hat leichtsinnigerweise ungenügend geschützt einen »Söder-Abstrich« (i. e. der bayerische Wunschabstrich bei symptomfreien Menschen) gemacht. Dieser war dann Corona-positiv. Meine Helferin hat jetzt 14 Tage Quarantäne, obwohl der Abstrich nur wenige Sekunden dauert. Gleichzeitig darf das Team des FC Bayern Champions League spielen, obwohl beim Spieler Serge Gnabry ein Tag vorher der Test ebenfalls positiv war. Gleiches Recht für alle?

Ich bin sicher, Sie bekommen ganz viele ähnliche und auch weitaus schlimmere Schäden berichtet, die durch die meiner Meinung nach überzogenen Maßnahmen gegen das Corona-Virus entstanden sind und immer noch entstehen.

Der schlimmste Schaden dürfte aber sein, dass die Menschen sich an diese autoritäre Politik gewöhnen. Viele sind so in Angst und Schrecken versetzt, dass sie die Einschränkung der Grundrechte nicht nur klaglos hinnehmen, sondern sogar begrüßen und gutheißen.

Mit freundlichen Grüßen

I. S.

Betrifft: Die im Dunkeln sieht man nicht

Sehr geehrter Herr Müller, sehr geehrte Redaktion,

mein Enkel, 9 Jahre, und im August nach monatelangem Schul-Lockdown und Schulferien wieder in der Schule, hat, mit seinen Mitschülern in einer Schlange wartend, einen anderen Mitschüler berührt (also die Abstandsregeln nicht eingehalten). Er bekam vom Schuldirektor einen Brief mit nach Hause, worin ihm angedroht wurde, im Wiederholungsfall von der Schule verwiesen zu werden. Welche Blüten wird die Corona-Hysterie noch treiben?

Mit freundlichen Grüßen

G. F.

Betrifft: Doku der Corona-Kollateralschäden

Hallo,

ich habe nix beizutragen – nur, dass ich das SEEEHR wichtig finde!!!

Bitte bringt es als kleines Taschenbuch heraus!

Das denke ich schon die letzten Wochen: Wenn man so etwas

hätte (mein interner Arbeitstitel war: DAS BUCH DER SCHANDE) – dann könnte man viel besser argumentieren!!

Denn die Leute sagen ja immer: »Was habt ihr denn? – Mal fünf Minuten eine Maske aufsetzen zum Einkaufen kann doch nicht so schwer sein!«

Wenn man jetzt aber so anschauliche Einzelschicksale (als kleines Buch?) zeigen könnte – und zwar gar nicht mal die spektakulärsten, sondern Menschen wie du und ich, wie es sie durch die Maßnahmen getroffen hat/trifft – dann könnte man die ganze Schande und Unmenschlichkeit viel besser zeigen!!!

Bitte bringt es raus als kleines Taschenbuch, vielleicht noch rechtzeitig zu Weihnachten???

Vielleicht wird das ein Bestseller zugunsten der NDS …

Martin aus Schwerin

P. S.: Denn viele Leute scheint der Fakt des Demokratieabbaus gar nicht so zu stören …

Wenn wir Querdenker demonstrieren, weil wir nicht in einem Staat leben wollen, der im Verordnungsstil mit pausierten Grundrechten regiert wird – dann zucken viele mit den Schultern, es scheint sie nicht so sehr zu stören. Ob wir nun von einer Fassadendemokratie oder einer »netten Staatsratsvorsitzenden« regiert werden, ist ihnen egal …

Betrifft: Menschsein geht auch anders

Wir in der modernen Welt merken schon gar nicht mehr, dass unser gesamtes Leben nur aus Abhängigkeiten besteht. Das beginnt schon gleich nach der Geburt. So schnell wie möglich soll das Kleinkind in den Kindergarten. Was soll es da wohl lernen: sich selbst zu behaupten, sich anderen anzupassen, selbst schon Entscheidungen zu treffen. Hier fängt also schon das Dilemma an. Statt in Liebe und Fürsorge aufzuwachsen, muss gelernt werden, sich zu behaupten. Hier wird schon das Konkurrenzdenken geprägt, das sich im ganzen Leben so fortsetzen soll.

Auch in der Schule soll das Bestreben sein, sich zu den Besten heraufzuarbeiten. Es werden Noten vergeben, die nichts Anderes bewirken, als das Konkurrenzdenken zu fördern. Nicht einmal in der Schule kann man das lernen, was einem Spaß machen könnte. Hier beginnt schon der Druck von außen, der heute das Leben fast aller prägt. Dann taucht das Wort »Wettbewerb« immer öfter auf. Es bedeutet nichts anderes als Kampf, der sich in Firmen bis zu den einfachsten Mitarbeitern erstreckt. Beim Wettbewerb kann immer nur einer auf der Strecke bleiben. Welch ein rücksichtsloses ökonomisches Denken zeigt sich hier. Bei diesem Denken hat ein sinnvolles Miteinander oder Fürsorge keinen Platz gefunden. Aus diesem Konkurrenzkampf heraus wurden sogar fast alle Kriege geführt. Jedes Land möchte besser als das Nachbarland sein. Gerade darin zeichnet sich die BRD besonders aus, es hat rücksichtslos die Nachbarländer unter Druck gesetzt. Wir müssen verstehen lernen, dass nur ein Leben in Kooperation es schaffen kann, ein Leben in Freiheit und im Zusammenwirken mit der Natur wieder einen »Homo sapiens« zu formen und zu entdecken.

Ein weiteres unseliges Wort ist »Wirtschaftswachstum«: Dahinter verbirgt sich eine große Überheblichkeit gegenüber der Natur und der Erde. Eine Rücksichtslosigkeit, die schnellstens behoben werden muss, wenn Menschen noch eine Chance zum Überleben haben sollten. Nicht einmal die zunehmenden Naturkatastrophen veranlassen die Verantwortlichen, Einschränkungen vorzunehmen. Des Weiteren gehört das Wort »Arbeitsplatzbeschaffung« in die Mülltonne. Arbeit gibt es bestimmt immer genug. Welch ein Unsinn, als ob Menschen süchtig nach Arbeit sind. Dahinter verbirgt sich doch, dass es nur um Geld geht. Wenn auch nur ein wenig soziales Denken vorhanden wäre, sollte im Miteinander der Gemeinschaftssinn jeder die Arbeit leisten, die der Betreffende leisten kann. Heute zwingt man diese Menschen in eine starke Abhängigkeit. Auch hier sind es wenige, die ihre Macht so ausüben, um so die Abhängigen zu guten Untertanen zu degradieren. Sicher gibt es immer ein paar Faulpelze, die sich jeder Art Arbeit verweigern, die hat es aber zu allen Zeiten gegeben. Sind diese psychischen Schäden, die hier angerichtet werden, überhaupt noch korrigierbar? Es wächst die heutige Generation mit Angst vor allem Möglichen und wegen Corona sogar vor dem Leben auf.

Wie viel Freude am Leben, am eigenen Wirken geht verloren, weil man sich in solch ein Korsett gezwängt hat. Alle diese Freiheitsbeschränkungen sind menschengemacht und somit auch korrigierbar. Wie viel Leid ist allein eine Folge menschlicher Inkompetenz? Wo bleiben solche Diskussionen? Wann begreifen wir, dass Menschen nur in Eintracht mit der Natur überleben können? Die Naturvölker haben das noch gekonnt. Alle Kraft muss für den Klimaschutz aufgewendet werden.

Wo sind die großen Geister, von den Regierenden ist das nicht zu erwarten, denen geht es zu gut. Dieses heutige Denken macht aber alle anderen unfrei. Die Freiheit wird immer weiter eingeschränkt. Die Chance, einen Beruf nach eigenem Wunsch zu ergreifen, schwindet schon wegen der prekären Wirtschaftslage immer mehr, diese wird teils auch noch ganz bewusst gefördert. Wenn Eltern dann auch noch arm sind, müssen deren Kinder froh sein, wenn sie überhaupt einen Beruf ausüben dürfen. Hierzu will dann der Staat Arbeitsplätze schaffen. Schon wieder wird die Selbstbestimmung und noch wichtiger die Selbstverwirklichung unterdrückt. Das heutige Geldsystem ist echt passend für solche Unterdrückungen gemacht. Und das alles bestimmen Menschen, die auch unter diesem Druck und dieser Einstellung aufgewachsen sind. Sie sind auch nicht mehr in Lage, dieses Unvermögen zu erkennen. Wir leben nicht mehr in der Steinzeit, uns stehen alle technischen Mittel zur Verfügung, um ein solides Auskommen für alle zu schaffen. Leider wird auch hier schon wieder über das Ziel hinausgeschossen. Man möchte mit der künstlichen Intelligenz jeden Menschen zu jeder Zeit kontrollieren zu können. Hoffen wir, dass die noch größere Unfreiheit frühzeitig erkannt und noch abgewendet werden kann.

Es ist inständig zu hoffen, dass ein Großteil der Menschen diese Abhängigkeit und Unfreiheit überhaupt noch bemerken kann. Es wird deshalb nicht bemerkt, weil sie in ihrem Leben nichts anderes gelernt und nichts anderes als diese Unterwerfung gekannt haben. Warum sind denn die großen Geister so ruhig, haben diese auch schon die Hoffnung aufgegeben? Sie haben es natürlich schwer gegen die Mainstream-Medien, die alle unter dem finanziellen Druck der »Oligarchen« stehen.

C. M.

Betrifft: Corona-Nebenwirkungen

Hallo,

ich kann meinen eigenen Fall anführen:

Mit Schließung der Entsorgungsstationen fehlte mir die Grundlage, laufende Aufträge als Entrümpler auszuführen.

Später fehlten die Nachfragen und Aufträge, da die Leute Zeit hatten, selbst zu entsorgen. Später musste ich meine Ausgaben im Onlinemarketing (Google Ads) herunterfahren, weshalb in der Folgezeit natürlich noch weniger Anfragen hereinkamen.

Mein zweites Business ist ein mobiles Café (coffee-bike). Damit war ich bis März am Wochenende auf Wochenendveranstaltungen, Stadtfesten, Streetfood-Festivals etc.

Alle gebuchten Aufträge wurden abgesagt und die vorausgezahlten Gebühren wurden nicht erstattet und im besten Fall gutgeschrieben.

Ich hatte die Hilfe für Soloselbstständige in NRW beantragt und sehr schnell erhalten. Damit konnte ich für ein paar Monate die Kosten tragen. Gleichzeitig hatte ich Glück und einen Standplatz für das coffee-bike direkt am Rhein in Bonn ergattert. März bis Juni lief es super und ich hatte zumindest genug Geld, um nicht Hartz IV beantragen zu müssen. Nachdem die meisten ins Büro zurück waren, ließ das Geschäft schwer zu wünschen übrig, bis es im Oktober gar nicht mehr lief, da die Passanten fehlten (war nicht Innenstadtlage).

Nun habe ich vor wenigen Tagen doch den Antrag auf Hartz IV bestellt und erhalten und werde diesen Monat noch einreichen.

Die zweite Hilfe für Soloselbstständige kann ich nicht beantragen, da mir die Vergleichszahlen noch fehlen. Ich bin mit 2019 einfach noch nicht fertig und diese Zahlen müssen vorliegen und die Hilfe kann dann auch nur über einen Steuerberater beantragt werden.

Beste Grüße
U. W.

Betrifft: Die im Dunkeln sieht man nicht

Hallo,

die Firma, für die ich arbeite, ist eine familiengeführte Hotel-kette mit drei Häusern und ehemals etwa 40 Angestellten. Alle nicht Festangestellten, etwa 15 davon, wurden dieses Jahr schon im Sommer entlassen, alle anderen sind in Kurz-arbeit. Bei den niedrigen Gehältern ist das sehr problema-tisch. Die Häuser wurden bereits zum zweiten Male vorüber-gehend geschlossen und niemand weiß, wohin die Reise geht und ob der Arbeitsplatz weiterhin existiert. Das ist zusätzlich eine immense psychische Belastung.

Viele Grüße und Danke für eure tolle Arbeit

Betrifft: Dokumentation Auswirkungen Corona-Politik

Guten Tag,

ich erlebe gerade folgenden Fall:

Kuriositäten im Gesundheitswesen: Für April geplante Knie-OP (Endoprothese) verschoben, Anfang Oktober durchge-führt, im Vorgespräch bei Anästhesist und Stationsarzt wurde das vorhandene Attest zur Befreiung von der Masken-pflicht anerkannt, am Morgen der Krankenhaus-Aufnahme wurde per Telefon mitgeteilt, dass die Maske getragen wer-den muss, ansonsten werde es keine Aufnahme in das Kran-kenhaus geben und die OP werde ausfallen; da OP dringend nötig war, eingewilligt, Maske wurde sogar im Aufwachraum drauf gezogen, mit dem Ergebnis dass danach Sauerstoffgabe erforderlich war, Fortsetzung des Problems bei der geplanten ambulanten Reha: Attest wird wieder nicht anerkannt, bei Bestehen auf Attest Verweigerung der Aufnahme zur Reha –

ich brauche die Reha unbedingt, habe eingewilligt die Maske zu tragen, befürchte aber gesundheitliche Schäden.

Betrifft: Dokumentation Risiken und Nebenwirkungen

Sehr geehrtes Team der NachDenkSeiten,

Ihrem Aufruf über die harten und unbemerkten Folgen der Corona-Politik folge ich gerne.

Erstes Beispiel: Ich bin 49 Jahre alt und alleinerziehende, berufstätige (25 Wochenstunden) Mutter eines 15-jährigen Sohnes. In den letzten 15 Jahren war mein Leben belastend und voll, aber machbar. Ich will es mal mit folgendem Bild beschreiben: Ich jongliere zwar mehr Kugeln in meinem Leben, als es entspannt für mich möglich ist, aber ich kann sie in der Luft halten (Kind, Haushalt, Garten, Arbeit, alte Eltern, Freizeit) und es funktioniert.

Das hat sich mit den Lockdown-Maßnahmen geändert. Ich habe während des Lockdowns im Home-Office gearbeitet (was ich ohnehin seit 15 Jahren tue und für mich nichts Neues ist), dazu kam ein Teenager zuhause, der sich nicht mehr getraut hat, das Haus zu verlassen, weil auf allen Kanälen »Bleibt zuhause« gebrüllt wurde, und zwei Wochen lang sein Bett nur zum Essen und zur Toilette verlassen hat. Ich hatte Angst, er entwickelt eine Depression, und habe ihn dann Gott sei Dank dazu bewegen können, mit mir das Haus zu verlassen für Fahrradausflüge und später dann trotz Verbotes Freunde besucht und eingeladen.

Dann habe ich versucht, ein Familienleben aufrechtzuerhalten, neben der Arbeit also einen verstörten Jugendlichen betreut, diesen dann noch neben der regulären Arbeit im Home-Office bei den Schulaufgaben begleitet (effektives Arbeiten mit 20-minütigen Unterbrechungen ist fast unmöglich) unter Wegfall jeglicher Rückzugs-, Erholungs- und Ausweichmöglichkeiten meinerseits. (Während ich am Rotieren war, konnte ich in meinem Umfeld beobachten, wie die Lehrer die reichlich gewonnene Freizeit für Hausrenovierungen, Gartenaufbereitung, Keller ausmisten, lange Wanderungen etc. nutzten.) Dazu kam die medial immens geschürte Unsicherheit über die Tödlichkeit dieses »Killer-Virus«. Ich habe bereits im Februar und März viel Zeit damit verbracht, die den Nachrichten zugrunde liegenden medizinischen Fachjournale zu lesen (ich bin/war studierte Wissenschaftlerin), und habe relativ schnell und sehr schockiert festgestellt, dass selbst die mir bis dahin als seriös empfundenen Leitmedien *Spiegel*, *Zeit* und *Süddeutsche* in Bezug auf Corona Müll erzählten (aus den wissenschaftlichen Fachartikeln wurden nur die schlagzeilenträchtigen Ergebnisse publiziert und nicht die Diskussion und relativierenden Ergebnisse, die in den Artikeln auch enthalten waren).

Ich habe diese Lockdown-Wochen zwar überstanden – irgendwie –, bin dann aber Ende Juni etwas verzögert unter der Last zusammengebrochen. Um bei dem alten Bild zu bleiben: Ich musste neben meinen sonst fünf Bällen eben noch drei weitere jonglieren (Homeschooling und ein verstörter Teenager immer zuhause, mehr Arbeit, da ich z. Zt. im Online-Handel tätig bin, keinerlei Rückzugs-/Erholungsmöglichkeiten). Das konnte ich nicht und dann sind mir alle Bälle runtergefallen.

Diagnose: Zusammenbruch mit schwerer Depression/Burnout. Seit vier Monaten bin ich jetzt nicht mehr arbeitsfähig. Die Psychologin findet auch keine schweren Defizite in meiner Biographie, die eine Depression begründen/auslösen würden. Ich war bisher auch immer ein psychisch stabiler

Mensch. Ursache der Depression jetzt war ziemlich eindeutig die massive Überlastung aus der Corona-Zeit.

Zweites Beispiel: Mein Vater ist schwer an einer Alzheimer-Demenz erkrankt. Meine Eltern sind aber immer regelmäßig zur Skigymnastik und zum Schwimmen gegangen, insgesamt viermal die Woche, was mit dem Lockdown wegfiel. Vorher sind seine körperliche Fitness und teilweise auch seine geistige Fitness in den letzten Jahren kontinuierlich, aber nicht so stark gesunken. Die Monate des Eingeschlossenseins ohne jeglichen Impuls von außen und ohne die gewohnte Bewegung haben seine Krankheit immens verstärkt. Seine physischen und geistigen Fähigkeiten haben in dieser kurzen Zeit sehr stark abgenommen. Er ist nach wenigen Monaten nun nicht mehr in der Lage zu schwimmen oder sich über einen 100 Meter (wackeligen) Spaziergang hinaus zu bewegen und hat sich zum Vollpflegefall entwickelt.

Vielen Dank, dass Sie diese Recherche machen. Ich finde das eine hervorragende Idee.

Mit den besten Grüßen
B. S.

- -

Betrifft: Leiden an Corona-Politik

Bin seit 1982 freiberuflicher Musiker, 63 Jahre und gottlob schon Bezieher der gesetzlichen Rente. Leider nur 400 €. Alle zusätzlich notwendigen Einnahmen sind mir seit März 2020 weggebrochen, ohne die Hilfe meiner Frau wäre ich am Ende. Gott sei Dank habe ich – nach langer vergeblicher Suche – ab November 2020 einen Minijob im sozialen Bereich. Schlimmer jedoch als die materielle Lage ist die unerträglich schwierige Corona-Kommunikation innerhalb der Familie und im Freundes- und Bekanntenkreis, denn ich sehe die Maßnahmen der Regierung sehr, sehr kritisch.

Betrifft: »Unsichtbare Corona-Folgen«

Hallo NDS,

herzlichen Dank für Ihr Engagement, die schweigende, benachteiligte Masse sichtbar zu machen.

Erlebnis von Familie F. aus B.:

Schwiegersohn kann Maske aus gesundheitlichen Gründen nicht tragen. Tägliche Besorgungen sind ein Spießrutenlauf mit offener Abneigung, folgende Läden sprachen bereits Hausverbot wegen »Kundengefährdung« aus: Saturn/Media-Markt, Hornbach, Zurbrüggen, Ikea, div. Veranstaltungsstätten und die Stadtbibliothek.

Folgen: zuhause einigeln und mit jedem Gang in die Öffentlichkeit Herzklopfen und Beklommenheit.

Danke für die Veröffentlichung!

Betrifft: Artikel: Die im Dunkeln sieht man nicht etc.

Sehr geehrte Damen, sehr geehrte Herren,

kann es sein, dass in der Politik etwas locker ist, was sich jeder Schraubenfabrikant »fest« wünscht?

Wir fragen vor der Gesetzgebung Lobbyisten, wie ein Gesetz (das sie selbst betrifft) auszusehen hat. Keiner testet bei den Betroffenen und prüft die Nutzbarkeit. Wir machen jeden und alles haftbar. Was ist mit den Menschen, die vorsätzlich andere infizierten etc.? Was machen unsere Behörden (bundesunmittelbare Körperschaften etc.)? Bundeswehr wird in den Gesundheitsämtern eingesetzt. Was ist mit den Arbeitslosen? Es gibt den SGB II §16h???

Obwohl alles traurig ist, über den Wolken, strahlend blauer Himmel.

Freundliche Grüße
H. J.V.

Betreff: Die im Dunkeln sieht man nicht

Liebes NachDenkSeiten-Team,

eine gute Idee!

Spontan fiel mir eine Kult-Kneipe im Düsseldorfer Süden ein, die schließen musste. Ob überhaupt nochmal geöffnet werden kann, steht in den Sternen:

http://www.schalander.de[2]

Mit besten Grüßen
T. M.

Betrifft: Doku Corona-Nebenwirkungen

Liebe NDS,

das ist eine Superidee! Von mir Folgendes:

Freier Musiklehrer, freier Veranstaltungstechniker.

Nachdem die Soforthilfe, die ja nicht für den Lebensunterhalt gedacht war, aber natürlich dafür draufging (Leute wie

---

2   Redaktionelle Anmerkung: Die Internetseite ist wie die Kult-Kneipe inzwischen geschlossen.

ich sind selber ihre Betriebskosten), Ende Mai aufgebraucht war und weiterhin keine Veranstaltungen stattfinden, bei denen Leute wie ich, die die Aufträge sehr kurzfristig erhalten, arbeiten können, die Honorarstelle an der Schule wegfällt, weil die Zahlen wieder steigen und einige Eltern ihre Kinder nicht zum Musikunterricht schicken, würde es mir gehen wie mehreren Kollegen, die ich persönlich kenne: Jobcenter.

Betrifft: Dokumentation Fälle

Psychologische Psychotherapeutin, 48, seit acht Wochen arbeitsunfähig, da Betriebsarzt-Attest zur Befreiung von der MNB (Mund-Nasen-Bedeckung) nicht akzeptiert, ohne auf die Diagnosen im ausführlichen Befundbericht einzugehen, auf Anwaltsschreiben wird nicht reagiert. Regelmäßig Diskussionen in Geschäften wegen Attestvorlage, obwohl laut LB SH[3] keine Attestpflicht. Antidiskriminierungsstelle und Landesregierung empfehlen Attest trotzdem vorzuzeigen, Hausärztin stellt keines aus.

Hartz-IV-Empfänger mit ADHS und manisch depressiv, vor Corona lange Klinik und Reha, stabilisiert, berufliche Reha geplant, alles zunichtegemacht. Soziale Isolation, Probleme mit erkranktem Vater wegen der erschwerten Besuchsregelungen in Klinik und Pflegeheim, jetzt berufliche Reha unter Corona-Regelungen erschwert.

56-jährige Bürokraft mit Nebenjob Soziale Arbeit, Probleme mit Maske, arbeitsunfähig und Attest wg. Anpassungsstörung, einen Job verloren deswegen, von Krankenkasse genö-

---

3 Redaktionelle Anmerkung: Landesbeauftragter für Menschen mit Behinderungen Schleswig-Holstein.

tigt Therapie zu machen, Therapeuten bestehen auf Maske, die sie nicht tragen kann, Hartz IV droht.

Viele Grüße

M. Z.

Betrifft: Corona-Folgen

Sehr geehrtes NachDenkSeiten-Team,

es ist sehr gut, dass Sie auch den Schäden nachspüren, die die Corona-Politik der Regierung betrifft.

Ich erlaube mir, Ihnen zu raten, hier nicht zu skandalisieren, denn viele der schädlichen Folgen sind sicher nicht intendierte Ergebnisse.

Da aber die Chance 2012 vertan wurde, das Szenario einer Pandemie detailliert durchzuspielen, sind schon die Politiker mitschuldig an negativen Auswirkungen.

Das simpelste Beispiel ist am Maskentragen festzumachen: Menschen, die nicht hören und nicht sprechen können, benötigen für die Kommunikation mit Hörenden und Sprechenden deren Gesichter, so zum Lippenlesen.

Da ist die Lebensqualität eingeschränkt.

Ich muss Ihnen als Supervisor und Coach, der Therapeuten berät, aber auch eine andere Skurrilität berichten: Dadurch, dass fast die gesamte Bevölkerung mit eigenen Ängsten durch Covid-19 konfrontiert wird, entspannen sich Angstpatienten in den Therapien.

Besonders auffällig ist, dass ein Teil in meinem Freundes- und Bekanntenkreis entweder sehr aktiv wird oder sensibler und feinsinniger. Hier handelt es sich um Menschen im

Herbst ihres Lebens. Nun wäre die Zeit nach jahrzehntelanger Arbeit die Muse, den kleinen Wohlstand usw. zu genießen und alle gesundheitspolitischen Maßnahmen wirken wie die Maßnahmen von einem Spielverderber. Auf der einen Seite ist der Sinn des Gesundheitsschutzes nachvollziehbar, auf der anderen Seite ist der Preis der (Teil-)Verlust der Lebensfreude.

Diese Prozesse sind nicht statisch. Ich berate Pflegedienstleiterinnen und mir wird gesagt, dass sie und ihre Mitarbeitenden, meist Frauen, zum ersten Mal im Leben Todesangst hatten. Nun müssen die ambulanten Pflegekräfte bei 50 auf 100 000 14-tägig zum Test. Die zu pflegenden Menschen in ihren Wohnungen sollen nun auch 14-tägig getestet werden. Wer leistet das? Wenn die Leistungen wegfallen müssen, bedürfen die Menschen zu einem nicht unerheblichen Teil stationärer Pflege. Diese Plätze gibt es aber nicht.

Wenn Top-down entschieden und versäumt wird, auch Bottom-up die Maßnahmen gegenzuchecken, entstehen massive Probleme.

Das ist mein Beitrag, eher Anregungen. Statistisches Material habe ich nicht.

Ich arbeite seit 40 Jahren als Supervisor, Coach und Berater für soziale und Industrieunternehmen.

Für Rückfragen stehe ich gerne zur Verfügung.

Mit freundlichen Grüßen
R. M.

Betrifft: Die im Dunkeln sieht man nicht – Nun denn, zünden wir ihnen ein Licht an! Gedanken und Hinweise zur Corona-Politik-Dokumentation

Lieber Herr Müller,

das mit dem »Leiden« gefällt mir nicht, deshalb habe ich es weggelassen. Ebenso wenig sinnvoll halte ich das mit den »einfluss-losen Kreisen«, weil es das Gefühl des Untenseins noch verstärkt.

Die Stoßrichtung des Sichtbarmachens der Auswirkungen dieser unsäglichen Corona-Maßnahmen hingegen finde ich gut und wichtig.

Ich könnte Ihnen viele Geschichten erzählen, aber die, die mir bereits ganz am Anfang der sogenannten Pandemie, die meisten Fragezeichen über das, was da gerade und warum das so widersprüchlich abläuft, in meinem Kopf entstand, ist folgende:

Ich habe mich eines jungen Menschen angenommen, der wegen des Krieges aus seinem Land geflüchtet ist und sich mittlerweile hier in Deutschland in einer Ausbildung im Rahmen der 3+2-Regelung befindet. Er wohnt in einer Asylbewerberunterkunft in einem Zweibettzimmer mit ca. 40 Leuten zusammen. Einer dieser Bewohner wurde positiv getestet, woraufhin er ohne Anzeichen einer Erkrankung von den anderen separiert wurde. Die anderen wurden nicht getestet, mussten aber von einem auf den anderen Tag in Quarantäne verbringen.

Hieß konkret, dass das Gebäude nicht mehr verlassen werden durfte und die Kontakte im Gebäude auf den Zimmermitbewohner eingeschränkt werden sollten.

Da das Kochen in der gemeinschaftlich genutzten Küche nicht mehr stattfinden sollte, wurde die Versorgung mit Essen morgens, mittags und abends, über eine Hilfsorganisation geregelt.

Für die gemeinschaftlich benutzten Duschen, Waschbecken, Toiletten und Waschmaschinen hatte sich das Gesundheitsamt keine Gedanken gemacht. Für etwaige notwendige Einkäufe wurde kurzerhand der Hausmeister als zuständig erklärt.

Ich erfuhr über ein Telefonat mit dem jungen Mann von der Quarantäne und versuchte danach weitere Unterstützungs- und Ansprechpartner ausfindig zu machen. Aufgrund des fortgeschrittenen Alters, des damit verbundenen Ansteckungsrisikos und des Kontakt- und Betretungsverbots zogen sich die ehrenamtlichen Helfer als nicht mehr zuständig zurück.

Mir blieb erstmal nichts anderes, als telefonisch und über Social Media Kontakt zu dem jungen Mann zu halten, was sich bald als zeitaufwendige und alle Kräfte in Anspruch nehmende Aufgabe herausstellen sollte.

»Never touch a running system« bedeutete übertragen auf die Lebenssituation des jungen Mannes durch den abrupt stillstehenden Tagesablauf, das Eingesperrt- und Zurückgeworfensein auf ein Handy, ein kleines Zimmer, das plötzlich auf ein Zusammensein mit einem anderen relativ fremden Menschen in diesem Zimmer durch die erzwungene Nähe entstehende eigene psychische und soziale Probleme eine ungeheure Herausforderung, deren Schwankungen ich unmittelbar miterleben konnte.

Schnell war der Tabakbeutel leer, Geld für Zigaretten war nicht vorhanden, wie an beides kommen? Über das Fenster wurden vorbeikommende Gleichsprechende als Unterstützer motiviert. Zurückgreifen auf gegenseitige Hilfe als gewohntes Überlebensprinzip.

Das ausgeteilte Essen, nach dem ersten Tag mehr eine Zumutung, nur der Hunger treibt's rein – ich habe heut' noch die Fotos der wirklich unlecker aussehenden Frühstücksbrötchen, der Rest auch nicht besser. Da weitgehend ungenießbar, auch zunehmend über das Fenster organisiert, da das mit dem Hausmeister nur eingeschränkt funktionieren konnte.

Ein paar Tage ließen sich Tabak und Essen über Schulden organisieren. Dann sprang ich ein, unterstützte mit Geld, Schokolade, Obst und Gemüse und brachte auch ein Fieberthermometer und frischgewaschene Kleidung vorbei. Dabei kam ich mir vor wie eine Schwerverbrecherin. Beim ersten Mal hatte ich fürchterliche Angst, von der Polizei erwischt zu werden oder von irgendjemandem denunziert zu werden.

Diejenigen, die sich dieses Setting verordnet haben, hatten sich über die Auswirkungen und Konsequenzen wirklich keinerlei Gedanken gemacht.

Fürsorge oder gesundheitliche Vorsorge? Fehlanzeige! Und das, obwohl den Hinweisen des Gesundheitsamtes zu entnehmen war, dass sich die in Quarantäne Befindlichen z. B. zur regelmäßigen Kontrolle ihrer Körpertemperatur verpflichten. Aber ein Fieberthermometer wurde nicht ausgehändigt, auch gab es keine Nachfragen zur Kontrolle.

Ängste vor der eigenen Erkrankung der in Quarantäne Gesetzten? Ebenso Fehlanzeige! Und das, obwohl dazu anzumerken wäre, dass die psychische Situation der meisten Betroffenen wohl eher als labil zu beschreiben ist und das Herausreißen aus einem schwer erarbeiteten Alltag alte Traumatisierungen wach werden lässt.

Die Aufs und Abs habe ich mit dem jungen Menschen im Telefonkontakt, so gut als möglich, zu überbrücken versucht.

Die durch die tagelange Festsetzung entstehenden depressiven Episoden haben wir versucht, durch von außen zeitlich festgelegte Anrufzeiten, Fragen zur Tagesstruktur (Austausch von Videos, Bildern und Sprüchen und gemeinsames Social Media) und Lernzeiten (z. B. Lesen und Lösen von Aufgaben in Deutsch und Rechnen) zu bewältigen.

Das Kurioseste der ganzen Geschichte aber ist, dass von den betroffenen Bewohnern der Unterkunft kein Einziger zugegeben hätte, wenn er in der Zeit der Quarantäne krank geworden wäre. Dann hätte sich nämlich das ganze Spektakel nur, wahrscheinlich für alle, verlängert, weil die Trennung voneinander ja über die 14 Tage aufgrund der gemeinsam genutzten und hygienisch bedenklichen Toiletten, Duschen, Waschräume und Küche gar nicht möglich gewesen ist.

Ich hoffe, dieser Corona-Wahnsinn wird bald von den Gerichten oder den Querdenkern auf der Straße beendet. Die Würde der Menschen weltweit darf nicht weiter dem Profit geopfert werden. Ya basta, es reicht.

Sonst muss ich doch noch meine paar Ersparnisse zusammenkratzen und nach Bolivien fliehen, denn etwas Besseres als den Tod jeder Menschlichkeit finde ich vielleicht dann nur noch dort.

Mit solidarischem Gruß
Christine Gugel

Betrifft: Dokumentation soziale Härten

Liebe NachDenkSeiten, eine tolle Aktion!

Hier mein Beitrag.

Theaterleiterin: Absage aller 58 Aufführungen im Zeitraum

März–Juni, Einkommen über Nacht auf 0 Euro gefallen. Aufführungen seit August zwar prinzipiell wieder möglich, aber
durch immer strengere Auflagen zunehmend verunmöglicht.
Am 31.10. muss sie nach 12 Jahren und 1500 Aufführungen
ihr Theater schließen.

Alles Gute für Ihre tolle Arbeit!

S. M.

»Fürchte dich nie, nie, niemals davor, das zu tun, was richtig
ist, speziell dann, wenn das Wohl eines Menschen oder eines
Tieres auf dem Spiel steht. Die Strafe der Gesellschaft ist
nichts verglichen mit den Wunden, die wir uns selbst zufü-
gen, wenn wir wegschauen.« – Martin Luther King

Betrifft: Mikrofähre Türkei – Israel

Guten Tag,

bin Rentner 70J. Letztes Jahr entschied ich mich dazu, als Al-
tersprojekt ein Segel-/Solarboot als Mikrofähre zwischen
Mersin/TR und Haifa/IL einzusetzen, um Flugverweigerer
nach Israel/Palästina bringen zu können.

Im März 2020 hatte ich bereits rund 30 Reservationen. Auf
dem Weg von Portsmouth/GB zum Mittelmeer blieb ich dann
wegen Corona in Lyon/FR stecken. So erreichte ich Zypern
erst Ende Juli und die meisten Reservationen wurden zurückgezogen. Als im September Israel seine Grenzen komplett schloss, brachte ich mein Boot nach Griechenland, wo
es nun darauf wartet, seinen Dienst irgendwann doch noch
aufnehmen zu können.

Auf meiner Reise durch Frankreich, Italien, Griechenland,
Zypern und die Türkei – der Tourismus ist je nach Ort auf

5–20 % der Vorjahre gefallen – stieß ich regelmäßig auf die Aussage: wenn wir nur die Politiker nicht hätten … von einer Pandemie war nirgends was zu sehen.

Herzlich
Matthias Wegmann

Betrifft: Beitrag zu »Die im Dunkeln sieht man nicht«

Liebes Team der NachDenkSeiten,

ein kleiner Beitrag zu Ihrer Aktion »Die im Dunkeln sieht man nicht«: Siehe Anhang.

Vielen Dank für Ihre unermüdliche Arbeit!

Viele Grüße
M. M.

Anhang:

Freiberuflicher Musiker, 37J. Meine Tätigkeit als Chorleiter kann ich seit März nur sehr eingeschränkt ausüben. Einen Kompromiss zwischen Hygienekonzepten und künstlerischem Anspruch herzustellen ist in vielen Situationen und je nach Leistungsfähigkeit der SängerInnen schlicht unmöglich. Gerade die für die Probenarbeit notwendigen Auftrittsmöglichkeiten sind (auch durch zusätzlich massiv einschränkende Regelungen von z. B. Kirchen) nur schwer zu organisieren.

Chormusik lebt von der Nähe und der Begegnung von Menschen und nur vor diesem Hintergrund konnten die vielen Meisterwerke der Chormusik in den letzten 450 Jahren entstehen.

In etlichen Gesprächen mit SängerInnen erfuhr ich außerdem, dass für die meisten meiner Gesprächspartner ohne Chorproben ein wesentlicher Aspekt der Freizeitgestaltung wegfällt, der ehemals für Ausgleich, Psychohygiene und damit für die eigene Gesundheit als wesentlich empfunden wurde.

Betrifft: Dokumentation

Liebe Leute der NachDenkSeiten,

eine Frau in Niedersachsen hat ein Attest zur Maskenbefreiung wegen Asthma und Panikattacken.

Bei der Tafel deckt sie ihren Lebensmittelbedarf und die strengen Regeln dort zwingen sie dazu trotzdem eine Maske zu tragen, sonst soll sie gehen ohne Essen. So fällt sie einmal die Woche bei der Lebensmittelausgabe wegen der Maske in Ohnmacht – damit sie essen kann. Auf die Maske wird beharrt. (Wir sind im Krieg!)

Herzliche Grüße
Gesa

Ziviler Widerstand, Ungehorsam gegen Ausbeutung und Ausrottung von Natur, Tier und Mensch!

Betrifft: Die im Dunkeln sieht man nicht

Beispiel 1: Heimweh. Die Tränen im Dunkeln sieht man nicht.

Die Angst, sich auf Reisen zu begeben, lässt die herzzerreißende Sehnsucht nach menschlicher Nähe zu den Nächsten in ein Tränenmeer fließen. Reisen zu den Nächsten sind auch innerhalb Europas aufgrund willkürlicher politischer Entscheidungen kaum noch möglich. Was ist mit all den getrennten Seelen, den Kindern und Eltern, Geschwistern und

Großeltern, die im eigentlich nahen europäischen Ausland leben, die in ihrer seelischen Not jetzt abgespalten sind von ihren nächsten Verwandten und Freunden? Die unter Ausgangssperren leiden und in Einsamkeit sterben.

Mein Heimweh zu meinen Verwandten, zu Menschen und Orten in Asturien wird immer größer. Mich schmerzt, dass Menschen in Asturien aus Angst den Regierungsanweisungen folgen, sich in Sozialblasen mit wenigen Personen selbst zu isolieren. In Asturien gilt die »Corona-Sozialblase« mit einer Beschränkung sozialer Kontakte auf fünf Personen. In einer multimedialen Angstkampagne werden Spielzeugfiguren eingesetzt, um das Regierungs-Narrativ von der Sozialblase als Maß der Freiheit auch in das Bewusstsein einer ganzen Generation von Kindern einzubrennen. Für die Kinder Asturiens kommunizieren Spielzeugfiguren eine evidenzfreie Botschaft, die Ängste und soziale Dramen ausgelöst haben.

Bitte schauen Sie sich diese Regierungsgewalt gegen Kinder einmal an:

https://www.asturien.net/der-ruf-der-erde/liebe-statt-angst; Abschnitt: »Das Maß der Freiheit (Burbujas Sociales)«

Beispiel 2: Das Leiden der fernen Nächsten

Ich war einige Jahrzehnte in der Entwicklungszusammenarbeit tätig. Nun sehe ich, wie praktisch alle NGOs das Narrativ vom Killervirus verbreiten und die weltweite Impfung als Lösung propagieren. Sie sind es, die mit der Virenangst und Panikmache nun Spenden einwerben, um Masken und Impfkampagnen zu finanzieren.

Wir befinden uns in der größten humanitären Katastrophe seit dem Zweiten Weltkrieg und die NGOs verbreiten, dass die Ursache dafür ein Virus sei. Kritik an den nationalen politischen Maßnahmen mit millionenfach tödlichen Auswirkungen gibt es so gut wie nicht. Die Verwundbarsten und die Ärmsten dieser Welt leiden und sterben wie noch niemals zuvor. Ihr Leiden wird durch eine Verengung auf eine nationale Sichtweise weitgehend ausgeblendet oder instrumentalisiert.

https://www.asturien.net/der-ruf-der-erde/liebe-statt-angst; Abschnitt: »Folgen der Maßnahmen im Virenkrieg für die Ärmsten«

Ralf Pochadt

Betrifft: Dokumentation – Ihre Anfrage

Sehr geehrtes Team der NachDenkSeiten,

ganz kurz:

Maskenpflicht den ganzen Tag über, inklusive im Unterricht, Schulweg, Flure und z. T. auf dem Pausenhof, Gesamtschule Schleswig-Holstein. Am Langtag bedeutet das für Kinder mit Busfahrt ab 7.00 morgens bis 15.00 Uhr Maske tragen. Schülerin (11 Jahre) erleidet in der letzten Stunde einen Kreislaufkollaps, wird von der Großmutter aus der Schule abgeholt (Do, 22.10.)

Schülerin (8 Jahre) weint morgens und will nicht aus dem Haus, da Masken im Bus und auf den Fluren der Schule Pflicht sind. Klagt über Schwindel, wenn sie die Maske trägt, berichtet, dass Kinder andere Kinder zurechtweisen, wenn diese die Maske zum Atmen unter die Nase ziehen.

Schülerin (8 Jahre) hatte zu Beginn des Lockdowns Ekzeme durch häufiges Waschen auf den Händen. Ein Händewaschverbot seitens der Eltern hat Abhilfe geschaffen.

Im Bekanntenkreis hat eine Schülerin (11 Jahre) einen Waschzwang entwickelt. Familie ist persönlich bekannt.

Ebenfalls im Bekanntenkreis eine Schülerin (1. Klasse) hat plötzlich Neurodermitis-ähnliche Symptome an den Händen, ist vorher nie aufgetreten, Herbstferien haben für Besserung gesorgt.

Schülerin (11 Jahre) berichtet, dass Lehrer einen Schüler mit beschlagenen Brillengläsern, der sagt, er kann nicht atmen, dazu auffordern, die Maske unverzüglich wieder hochzuziehen. Mitschüler verspotten einen Jungen, der Asthma hat, wenn er die Maske absetzt. Laut Bericht werden in der Klasse ärztliche Atteste nicht anerkannt, diese müssen vom zuständigen Gesundheitsamt Bad Oldesloe bestätigt oder ausgestellt sein. Das Gesundheitsamt Bad Oldesloe stellt auf Nachfrage aber keine Atteste aus oder bestätigt diese.

Eltern sind freiberufliche Künstler (darstellende Kunst) und nun auf Kulturförderungen angewiesen. Ob es Förderungen 2021 gibt und sie dann zu den Begünstigten hören, ist offen. Die normalen Aufträge (seit 20 Jahren und mehr in derselben Branche tätig) sind auf null zurückgegangen. Bis auf ein Engagement haben alle Veranstalter 2020 ihre Veranstaltungen gecancelt. Ein offizieller Auftraggeber (Landeshauptstadt) hat zwei Mal Verträge gecancelt und sein Event in veränderter Form mit Low-Budget-Künstlern durchgeführt. Es gab insgesamt ein paar Ersatzaufträge von Veranstaltungen, die spezielle Plan-B-Corona-Veranstaltungen organisiert haben, aber das ist die Minderheit und reicht nicht für ein Einkommen.

Zusatzeinnahmen über Vermietung eines Gästezimmers sind weggefallen durch Reiseverbote (Berliner nach Schleswig-Holstein beispielsweise). Eingeschränkte soziale und kulturelle Teilhabe durch den Mangel an Möglichkeiten. Langjährige Freunde und Familienmitglieder, die aus Angst Kontakte meiden. Eingeschränkte Gesundheitsvorsorge: da kein Sport, kein Yoga (aufgrund Teilnehmerbegrenzung gab es keinen Platz mehr in der seit über zehn Jahren regelmäßig besuchten Gruppe).

Eingeschränkte Mobilität: Durch Maskenpflicht wird der ÖPNV nicht mehr als Fortbewegungsmittel genutzt … (Halten nicht 30 Minuten unter der Maske aus …) Arztbesuche werden vermieden oder aufgeschoben …

Zur Veröffentlichung selbstverständlich nur anonym.

Anhang:

Zur Blockwartmentalität

Beispiel 1: Seebrücke St. Peter-Ording, ein Kilometer Länge, am Anfang und Ende sind Richtungspfeile markiert, mensch soll links gehen. In der Mitte, die Seebrücke ist bestimmt vier bis fünf Meter breit, gibt es keine Pfeile.

Person 1 geht in der Mitte der Brücke, wo keine Pfeile sind und an in beide Richtungen auf ca. 50 Meter nur sehr wenige weitere Menschen zu sehen sind, gedankenverloren auf der rechten Seite. Plötzlich wird Person 1 angeschrien: »Falsche Seite.« Person 1 schaut auf und sagt ruhig, hier sind keine Pfeile. Person 2 schreit nochmal, das ist die falsche Seite.

Person 1 erklärt: »Ich gehe auf der richtigen Seite. Es sind zu der Zeit wirklich nur Person 1 und Person 2 mit Begleitung auf dem Abschnitt und es ist genügend Platz zu allen Seiten, um Abstände zu wahren.«

Im Nachhinein denkt sich Person 1: Das wäre der Moment gewesen zu sagen: »Vielen Dank. Ich bin hier von offizieller Seite engagiert, um Menschen zu finden, die bereit sind, andere immer und zu jeder Zeit zurechtzuweisen. Die neue Blockwartmentalität 2020. Sie haben sich gerade eben als geeignet für diesen Job erwiesen. Geben Sie mir bitte Ihren Namen, Anschrift und Telefonnummer. Wir werden Sie dann baldmöglichst für eine Zusammenarbeit kontaktieren. In der Zwischenzeit lesen Sie bitte zur Vorbereitung Geschichtsbücher über die Zeit in Deutschland zwischen 1933–1945. Wir möchten, dass Sie vollen Wissens über Zusammenhänge in Ihren neuen Tätigkeitsbereich einsteigen.«

Beispiel 2: Ein Aldi – ebenfalls in St. Peter-Ording – überall lange Schlangen vor Person 1 mit lediglich zwei Sachen, davor übervolle Einkaufswagen, das Warten wird länger, die Maske landet unter der Nase (besser als Kreislaufkollaps), Person 1 wird von der Kassiererin der gegenüberliegenden Kasse zurechtgewiesen, die Maske korrekt zu tragen, was diese dann macht … Zehn Minuten später ruft dieselbe Kassiererin Person 1 erneut:»Maske!« Person 1 zieht die Maske wieder das Stück hoch, es handelt sich um einen Zentimeter zu weit unter der Nase. Und sagt:»Ich habe eine Maske auf.« Kassiererin:»Ich habe sie eben schon zurechtgewiesen, setzen Sie sofort die Maske korrekt …«

Woraufhin Person 1 beschließt und sagt:»Entschuldigen Sie bitte, ich muss hier überhaupt nicht einkaufen«, und die Maske abnimmt und den Laden verlässt und bedauert gerade nur zwei Artikel auf dem Band zurückzulassen.

Ganz klar auch ein Fall für die Sammlung von Menschen, die sich für die neue Blockwartmentalität 2020 eignen. Aber wenn diese Kassiererin sich einfach um ihren Job gekümmert hätte, nämlich abzukassieren oder Bescheid zu geben, dass eine weitere Kasse geöffnet wird, dann müssten andere Menschen gar nicht so lange in der Schlange stehen, dass sie keine Luft mehr bekommen.

Ergänzung:

Am Dienstag, 27.10. mussten insgesamt sechs Kinder einer 6. Klasse (Gesamtschule mit Maskenpflicht im Unterricht) wegen Atemproblemen aus dem Unterricht abgeholt werden. Die Masken müssen auch draußen auf dem Schulgelände, im Bus und auf dem Weg vom Bus zum Schulgelände getragen werden. Der Schulleiter kontrolliert morgens persönlich auf dem Schulhof, ob die Masken getragen werden. Durch den Schullautsprecher gab es mehrfach Ansagen, dass, wer seine Maske nicht korrekt trägt, für eine Woche Schulverbot erhält.

An derselben Schule: Ein Elternpaar unterschreibt nicht, dass die Tochter zum Maskentragen angehalten wird. Die Schülerin musste zweimal aus dem Unterricht wegen Atemproblemen abgeholt werden und hat inzwischen ein Attest. Aufgrund der nicht geleisteten Unterschrift wurde die Schülerin vom Schulleiter vom Präsenzunterricht ausgeschlossen. Zuvor besuchte die Unterstufenleiterin die Familie unangekündigt zuhause, um eine Unterschrift zu erzwingen. Der Schulleiter hat der Familie per Mail mitgeteilt, dass er die Schülerin, sollte sie ohne Unterschrift zum Unterricht erscheinen, nach Hause schicken wird. Die Schule trägt den Namen von Anne Frank.

Wir kennen keine Corona-Betroffenen, aber uns sind zwei Suizide von Künstlern bekannt.

Betrifft: Reisen mit dem Reisebus

Wir sind ein Busreiseunternehmen (avantireisen.de) und machen Busreisen in wunderbare Länder. Alle Gäste müssen den MNS tragen, ca. zwei bis drei Stunden, bis zur Pause. Der Austausch der Luft im Reisebus ist optimal eingestellt. Die

Reisebusse sind 12 Meter lang mit maximal 30 Sitzplätzen. Viele Gäste ärgern sich über die Maskenpflicht und einige fahren nicht mit, weil die Angst über Reisen von der Regierung und den Medien ausgeht. Die Reisebranche geht langsam dem Ende entgegen.

Herzlichen Gruß aus Freiburg

G. D.

Betrifft: Besuchsverbot bei behindertem Sohn

Während des Lockdowns durfte ich drei Monate meinen behinderten Sohn (23 Jahre) nicht besuchen und darf auch immer noch nicht die Räume in der Einrichtung aufsuchen. Er kann nicht sprechen, also ist Telefonieren auch keine Möglichkeit. Nun befürchte ich erneute Besuchsverbote.

Betrifft: Die im Dunkeln sieht man nicht

Sehr geehrte NDS,

Nur ein kurzes Statement. »Dank« Corona ist letzten Monat meine fast ein Jahrzehnt während Beziehung in die Brüche gegangen. Ich muss gestehen, dass ich wissentlich niemanden kenne, der Corona hatte oder gar daran erkrankt ist, aber ich kenne mehrere Leute, die das gleiche Schicksal wie ich ereilt hat, Leute, die arbeitslos wurden und zwei nahe Familienmitglieder haben eine Depression entwickelt, aber ich bin sicher, dass es zu all diesen Punkten kaum Statistiken geben wird. Das müsste mal untersucht werden.

MfG

Betrifft: Pressemitteilung »Polizeiaufgebot statt Corona-Maßnahmen in Weiden«

Liebes NDS-Team,

hier ein aktuelles Beispiel der Anwendung der Corona-Politik auf Menschen, die in staatlichen Gemeinschaftsunterkünften untergebracht werden. Ich habe auch einen Brief an Herrn Minister Herrmann und an das ERSTE geschrieben, weil ich so erschüttert über solcherart staatliches Handeln bin.

Die doppelten oder dreifachen Standards und die so stark beschnittenen Möglichkeiten, überhaupt die AHA-Regeln anwenden zu können, sind beschämend.

Viele Grüße

P. H.

Anhang:

Vom Bayerischen Flüchtlingsrat, Betreff: Pressemitteilung: »Polizeiaufgebot statt Corona-Maßnahmen in Weiden«

Bayerische Staatsregierung setzt auf bewährtes Muster – Eskalation statt Deeskalation

Am 08.10.2020 erhielten mehrere Geflüchtete aus dem AN-KER-Zentrum in Bamberg einen Transfer in eine völlig überfüllte Gemeinschaftsunterkunft in der Kasernenstraße in Weiden. In ein Zimmer, in dem bereits drei Menschen untergebracht waren, sollte nun noch eine vierte Person hineinverlegt werden. Die drei Bewohner*innen weigerten sich, die vierte Person in ihr Zimmer aufzunehmen, da es ihnen unter diesen Umständen noch weniger möglich gewesen wäre, die Hygienerichtlinien einzuhalten. Denn vor einigen Wochen war einer der Bewohner*innen des betreffenden Zimmers mit Covid-19 infiziert gewesen. Die drei Personen waren daher besonders für die Gefahren der Übertragung des Virus sensibilisiert. Um der Situation Herr zu werden, rief die Unterkunftsleitung die Polizei. Diese rückte dann auch in voller Montur an. Die Person, welche zu einem früheren Zeitpunkt positiv auf Corona getestet worden war, geriet durch den Einsatz in Panik. Die Polizei fixierte den Betroffenen – wie Videoaufnahmen zeigen, stellten sie den Mann mit Medikamenten ruhig und nahmen ihn anschließend in Gewahrsam. Zwei Tage später wurde er aus dem Krankenhaus entlassen, in dem er durch die von der Polizei verursachten Verletzungen behandelt werden musste. In die Unterkunft durfte er nicht zurückkehren. Sein momentaner Aufenthaltsort ist unbekannt. Eine Anklage wurde ihm in Aussicht gestellt.

In der Unterkunft bewohnen jeweils drei bis vier Personen ein Zimmer. 30–40 Personen teilen sich dabei drei Toiletten, Duschen und eine Küche.

»Die Bayerische Staatsregierung setzt auch im Falle von Corona wieder auf ihr bewährtes Mittel: Eskalation und Repression statt Deeskalation und Kommunikation auf Augenhöhe«, kritisiert Thomas Bollwein vom Bayerischen Flüchtlingsrat. »Anstatt mit Gewalt zu antworten, sollte die Regierung besser die Hygieneschutzmaßnahmen in den Flüchtlingsunterkünften umsetzen, um so die Bewohner*innen besser vor dem Corona-Virus zu schützen. Dieses Vorgehen erweckt den Anschein, dass Geflüchtete von der Regierung als Menschen zweiter Klasse gesehen werden.«

Betrifft: Leiden an Corona-Politik – Dokumentation / Sportstudio / Alter 70J. / Pflegestufe / Attest

Guten Abend, liebes NDS-Team,

ich (70 J.) besuche zwei Mal die Woche ein Physiotherapie-Studio bzw. Muckibude, auf ärztliches Rezept. Ich bin schwerbehindert (80 %) und Pflegestufe 4. Habe ein Attest vom Pneumologen, das mich von der Maskenpflicht befreit! Ich bin ohne Maske in das Sportstudio eingetreten (Rollator), und obwohl ich die Kopie meiner Maskenpflichtbefreiung vorgelegt habe, wurde ich nach fünf Minuten gebeten, beim Eintreten doch die Maske übers Gesicht zu ziehen, weil Kunden sich über mein Nicht-Maske-Tragen beschwert hätten. Ich habe auf das Attest noch mal hingewiesen und auch auf rechtliche und versicherungstechnische Konsequenzen, wenn mir was passieren würde, ohne Resultat. Die Angst, gehorsame Untertanen als Kunden zu verlieren, war größer, als mich als Kunden zu verlieren. Verständlich. Da ich nicht geschäftsschädigend wirken wollte, habe ich mich der Bitte untergeordnet.

Immerhin trainiere ich ohne Maske und wundere mich über meistens unsportliche Leute – ich war früher so was wie eine (kleine) Sportkanone –, die während des Trainings die Maske tragen und ihre ausgeatmete, sauerstoffarme, aber CO_2-geschwängerte Luft gerne wieder einatmen. Im Namen der Gesundheit und des menschengemachten Klimawandels wahrscheinlich. Wenn ich meine Betreuerin darauf anspreche, gibt sie mir natürlich recht, meint aber, dass es den Trainern untersagt ist, die Kunden auf das Maskentragen während des Trainings hinzuweisen.

Außer Atem, aber mit freundlichen Grüßen
E. M.

Betrifft: Die im Dunkeln sieht man nicht

1. Honorarprofessor, 58 J., alle Einkommen durch Lehrtätigkeit fallen weg. Wollte aus diesem Grund zur Überbrückung der Notlage Harz IV beantragen. Nach genauer Analyse des über 30-seitigen Antrages entschied er sich aufgrund der entwürdigenden Art der Form und Inhalte einiger Fragen, von einer Beantragung abzusehen.

2. Eine Frau in der mittleren Lebensphase besuchte ihre dementiell erkrankte Mutter im zwei Fahrstunden entfernten Pflegeheim. Die Mutter erkannte vom Fenster ihres im Erdgeschoss liegenden Zimmers, dass ihre Tochter zu ihr kam, und freute sich riesig. Sie lief der Tochter über den Hof entgegen und drückte sich glückselig an die Tochter. Die Tochter brachte es nicht übers Herz, ihre Mutter von sich wegzuschieben, und erwiderte trotz Abstandsregel die Umarmung. Eine Pflegeperson beobachtete die Szene, schrie die Tochter an, scheuchte die Mutter ins Haus zurück und verordnete der alten Frau eine zweiwöchige Quarantäne.

Gut, dass Sie die Situationen dokumentieren,
und herzliche Grüße von
R. K.

Betrifft: Die im Dunklen sieht man nicht

Sehr geehrtes Team,

anbei mein Brief an den Bundespräsidenten, in welchem ich den Leidensweg meiner Schwiegermutter beschreibe. Diesen Brief habe ich am 10.09.2020 unterschrieben und an die Adresse gesandt. Vor einer Woche bekam ich einen nichtssagenden Antwortbrief. Ich hoffe, der Kollateralschaden

durch die Corona-Maßnahmen ist detailliert genug beschrieben.

Mit herzlichen Grüßen
T. P.

Anhang:

Sehr geehrter Herr Dr. Steinmeier,

wie ich der Presse entnehmen konnte, planen Sie, den »Corona-Toten« zu gedenken.

Zu den »Corona-Toten« gehören nicht nur jene Menschen,
welche im Zusammenhang mit dem Corona-Virus verstorben
sind, es gehören auch jene Menschen dazu, welche aufgrund
der Corona-Maßnahmen der Bundes- und Landesregierungen verstorben sind.

Meine Schwiegermutter Franziska war 96 Jahre alt und lebte
in einem Altenheim in Koblenz.

Anfang März dieses Jahres telefonierten wir und vereinbar-
ten, zusammen ins Kino zu gehen – wenn es etwas wärmer
geworden war, da sie sehr leicht fror.

Dann kam Corona.

Ab dem 17. März wurden in Rheinland-Pfalz die Kinos geschlossen, ab dem 24. März auch die Frisörbetriebe.

Ab dem 24. März durften Altenheimbewohner/innen in
Rheinland-Pfalz nur noch einmal pro Tag Besuch für eine
Stunde durch eine Person erhalten.

Ab dem 2. April durften nur noch Eltern oder Ehepartner,
nicht jedoch Kinder und deren Ehepartner ihre Angehörigen
im Altenheim besuchen. Meine Schwiegermutter war 96
Jahre alt und verwitwet, sie hatte nur noch ihren Sohn und
dessen Ehefrau (mich).

Dieses Besuchsverbot galt bis zum 6. Mai.

Ab dem 7. Mai waren Besuche wieder möglich, eine Person je Tag für eine Stunde – unter strengsten Hygieneauflagen.

Das Altenheim, in welchem meine Schwiegermutter lebte, ermöglichte die Besuche erst einige Tage später, da die Einhaltung dieser strengsten Hygieneauflagen erst organisiert werden musste.

Am 16. Mai besuchte ich meine Schwiegermutter wieder – und erkannte sie nicht wieder. Sie war ungepflegt, ihre Haare waren ungewaschen und ungeschnitten, ihre Kleidung war fleckig und sie war stark abgemagert. Ihr kognitiver und emotionaler Zustand war entsprechend. Ich vermochte nicht, sie aufzumuntern. Ich bat sie, sich auf einen Spaziergang vorzubereiten, denn sie musste dringend an die frische Luft.

Ich überlegte hin und her, wie ich einen Frisörbesuch für sie organisieren konnte, ohne dass sie danach für 14 Tage in ihrem Zimmer in Quarantäne bleiben musste, so, wie es die Verordnung des Landes Rheinland-Pfalz forderte. Denn einen Corona-Test bot das Altenheim für seine Bewohner/innen nicht an.

Beim Verlassen des Altenheimes fragte ich den Betreuer, warum sie so abgemagert war. Er sagte, sie hätte die vergangenen fünf Wochen nicht wie gewohnt einkaufen können, um sich selbst zu verpflegen. Auf meine Frage, warum sie nicht hätte einkaufen können, antwortete er mir, dass für alle Bewohner/innen des Altenheimes eine Ausgangssperre verhängt worden war.

Ich sah mir alle Verordnungen des Landes Rheinland-Pfalz zum Thema Corona nochmals an, keine Verordnung enthielt ein Ausgangsverbot.

Am 19. Mai rief ich das Dezernat im Versorgungsamt Koblenz an, welches für die sogenannte »Heimaufsicht« zuständig war. Der Dezernent teilte mir mit, dass alle Altenheime im Raum Koblenz eine Ausgangssperre für ihre Bewohner/innen verhängt hatten. Auf meine Frage nach der Rechtsgrundlage hierfür antwortete er mir, »da gibt es doch diese Verordnungen vom Ministerium in Rheinland-Pfalz«. Ich teilte ihm mit, dass keine dieser Verordnungen jemals ein Ausgangsverbot enthalten hatte bzw. erhielt. Er antwortete mir: »Echt – ich dachte, da gäbe es solche Verordnungen.«

Noch am selben Tag rief ich das Ordnungsamt der Stadt Koblenz an und fragte, ob dieses für das Altenheim, in welchem meine Schwiegermutter lebte, ein Ausgangsverbot angeordnet hatte. »Nein«, teilte mir der Mitarbeiter mit, »wir haben keine Ausgangssperre verhängt. Wir wären bzw. sind für solche Rechtsvorgänge zuständig, aber wenn wir eine solche Allgemeinverfügung hätten herausgeben wollen, dann glauben Sie mir, hätten wir diese mit versierten Juristen auf allerhöchster Ebene abgestimmt. Schließlich hätte eine solche Allgemeinverfügung einen absoluten Eingriff in das Freiheitsrecht der Menschen bewirkt und freiheitsentziehende Maßnahmen sind nur auf richterlichen Beschluss hin zulässig.«

Ich erwog, das Altenheim wegen Freiheitsberaubung gemäß §239 Strafgesetzbuch anzuzeigen.

Bei meinem nächsten Besuch – in Vollmontur (Kittel, Handschuhe, OP-Maske und Plastikvisier) – sah meine Schwiegermutter nicht besser aus. Sie übte zwar, wieder mit dem Rollator zu gehen, aber sie war sehr schwach.

Eine Woche später knickten ihr ihre Beine unter dem Körper weg, ihr Körper fiel ungeschützt zu Boden. Die fünf Wochen Ausgangssperre, eingesperrt in einem zwölf Quadratmeter großen, schlauchförmigen Raum, hatten ihren Körper schwer geschädigt, ihre Muskeln hatten stark abgebaut.

Nach Rückkehr aus dem Krankenhaus drei Tage später war sie bettlägerig.

Sie wünschte sich nur noch zu sterben und bat mich um Medikamente, um dies zu erreichen.

In der Nacht vom 8. auf den 9. August verließ sie ihren Körper. Sie war endlich frei.

Sie hatte nie Corona, ich auch nicht.

Sie alle, die Bundesregierung, das Parlament und die Landesregierungen, haben so viel Leid über die Menschen gebracht.

Dabei hätten Sie alle es besser wissen können.

Schon im März mahnten erfahrene Wissenschaftler/innen zu einem maßvollen, der tatsächlich gegebenen Gefahrenlage angepassten Umgang mit dem Corona-Virus, sie wurden an den Pranger gestellt und verunglimpft. Ende März begannen die ersten Demonstrationen der Bevölkerung gegen die Corona-Auflagen. Sie wurden als Verschwörungstheoretiker, Rechtsextremisten und Phantasten diffamiert.

Am 24. April reichte der Pflegeschutzbund BIVA eine Petition ein, in welchem er forderte, die Besuchsmöglichkeit von Angehörigen der in Altern- und Pflegeheimen Lebenden sofort wiedereinzurichten.

Anfang Mai analysierte ein Mitarbeiter des Bundesinnenministeriums zusammen mit mehreren namhaften Wissenschaftlern die bisherigen Corona-Maßnahmen des Bundes und der Länder und stellten dar, dass diese dem tatsächlich vorhandenen Gefahrenpotential nicht angemessen waren. Sie wurden verunglimpft, der Mitarbeiter vom Dienst freigestellt.

Am 10. Mai forderte die FDP-Fraktion im Bundestag die Einrichtung eines parlamentarischen Untersuchungsausschusses, um die bisherigen und andauernden Corona-Auflagen zu untersuchen – nichts geschah.

Am 29. Mai veröffentlichte der Pflegeschutzbund BIVA die Ergebnisse einer Umfrage, an welcher über 1 000 Menschen teilnahmen, zu den Auswirkungen der Besuchsverbote (und durch die Altenheime verhängten Ausgangssperren) auf die Altenheimbewohner/innen. Das Ergebnis war erschreckend. Rund 70 Prozent der Bewohner/innen waren nach diesen fünf Wochen (je nach Altersheim auch länger) in einem deutlich schlechteren körperlichen und seelischen Zustand als zuvor. Wie viele Bewohner/innen inzwischen in eine höhere Pflegestufe eingestuft werden mussten oder gar verstorben sind, wird zu untersuchen sein.

Anfang Juni übersandte das Kuratorium Deutsche Altershilfe eine kritische Stellungnahme zum bisherigen und aktuellem Umgang mit älteren und alten Menschen im Rahmen der »Corona-Krise« an die Fraktionen des Deutschen Bundestages und Vertreter der Bundesregierung – nichts geschah.

Am 12. Juni forderte die FDP-Fraktion des Bundestages, die »epidemische Lage von nationaler Tragweite« wieder aufzuheben; ein von ihr in Auftrag gegebenes Rechtsgutachten stellte fest, dass die Voraussetzungen nicht mehr gegeben waren. Nichts geschah.

Bis zum heutigen Tag werden aufgrund der Corona-Auflagen der Bundesregierung und der Landesregierungen die Grundrechte der in Altenheimen Lebenden sowie deren Angehörigen massiv verletzt.

Wenn Sie also den »Corona-Toten« gedenken wollen, dann schließen Sie ausdrücklich auch die Toten ein, welche aufgrund Ihrer aller Politik verstorben sind.

Hochachtungsvoll
T. P. am 10.09.2020

Betrifft: Beitrag zu »Die im Dunkeln ...«

Hallo,

Albrecht Müller bat in einem gestrigen Beitrag der NDS um Beiträge zu Auswirkungen der Corona-Politik. In diesem Sinne teile ich hier ein paar Erlebnisse aus dem Verwandten- und Bekanntenkreis:

1. Beispiel: Familie, drei Kinder (Kita/Schule), die Eltern arbeiten beide beim Gesundheitsamt. Aufgrund der Kita- und Schulschließungen wurden die Kinder (ja, entgegen den Empfehlungen der Politik) zu den Großeltern aufs Land gebracht, da beide Elternteile in Vollzeit mit Überstunden und an Wochenenden durchgearbeitet haben, um die mit den steigenden Corona-Fällen anfallende Arbeit in den Gesundheitsämtern zu erledigen. Ganze sieben (!) Wochen waren die Kinder durchgehend bei den Großeltern. Spoiler: Auch jetzt noch sind Überstunden und Wochenendarbeit die Regel in den Gesundheitsämtern. Die Familie reibt sich weiterhin zwischen Kita/Schule/Überstunden und Wochenendarbeit auf. (Hamburg/Schleswig-Holstein)

2. Beispiel: Rentner, 68 Jahre, gehört aufgrund von mehreren Vorerkrankungen zur Risikogruppe. Ein anstehender Kontrolltermin in der kardiologischen Fachklinik wird ersatzlos gestrichen (wegen Corona). Bei diesem Termin werden eigentlich die erforderlichen Rezepte der Dauermedikation ausgestellt. Auf Nachfrage wegen der Rezepte wird der Patient aufgefordert, persönlich in der Ambulanz zu erscheinen, um die Versichertenkarte vorzulegen (Quartalswechsel) und die benötigten Rezepte abzuholen. (Mecklenburg-Vorpommern)

3. Beispiel: Alleinerziehende Mutter mit einem Kind (Kita), arbeitet im Gesundheitswesen. Betreuung des Kindes ist bis

Ende Mai aufgrund der Kita-Schließungen nicht sichergestellt. Dies führt zu vermehrten Auseinandersetzungen mit dem Vater des Kindes (Kurzarbeit und komplett im Home-Office) über die Betreuung, damit sie weiterhin ihrer Arbeit nachgehen kann. (Hamburg)

4. Beispiel: Familie, ein Kind (Kita), der Vater wird vom Arbeitgeber die letzten beiden Märzwochen »nach Hause geschickt« (wie alle Beschäftigten dort), ab April wird Kurzarbeit angekündigt. Im Nachgang müssen die Beschäftigten für die zwei Wochen »frei« im März Urlaub und/oder Überstunden nehmen. Kurzarbeit wird für alle Betroffenen nur kurzfristig geplant und mitgeteilt, außerdem auch innerhalb einer Arbeitswoche getauscht/gestrichen. Die Mutter arbeitet komplett weiter. Die Betreuung des Kindes ist nicht planbar bzw. ein von Tag zu Tag Hangeln mit Kurzarbeit/Überstunden/Frei/Urlaub. Erst durch die Notbetreuung in der Kita ab Mai normalisiert sich der Ablauf wieder. Die Kurzarbeit des Vaters ist bis heute nicht planbar bzw. wird in Abhängigkeit der anfallenden Arbeiten kurzfristig verlegt/gestrichen. (Hamburg)

Rückblickend ist für mich persönlich die komplette Schließung der Kitas und Schulen und die Schließung der öffentlichen (und auch »privaten«) Spielplätze bzw. Beschäftigungsmöglichkeiten für Kinder die absolut schlimmste Entscheidung gewesen, die auf politischer Ebene getroffen wurde. Unzähligen Familien sind ihre sozialen Netzwerke von heute auf morgen weggenommen worden, ohne eine adäquate Alternative anzubieten, Lösungen aufzuzeigen oder auch nur einen Ausblick auf die kommenden Wochen zu geben.

Es wurde ein Vakuum geschaffen, dass alle politischen Entscheidungsträger über Wochen ignoriert haben. Nur konnten und können Eltern und Kinder dies eben nicht auch einfach ignorieren, denn es musste trotzdem gearbeitet (Erwerbsarbeit), gelernt, betreut und gesorgt werden.

Eltern bzw. Familien haben nicht die Wahl gehabt, einfach mal alles auf STOP zu stellen.

Das sich diese Ignoranz gegenüber Familien und der »Familienarbeit« (Pflege und Sorge um Kinder/Angehörige) bis heute fortsetzt, ist für mich das größte Armutszeugnis der politischen Entscheidungsträger.

Bevor ich jetzt zu sehr aushole: Vielen Dank für ihre Arbeit mit den NDS!

Gruß aus Hamburg!

V. N.

Betrifft: Kulturverlust Tanzen

Lieber Albrecht Müller,

ich schildere hier nur einen von vielen Kulturverlusten, die ich in dieser Zeit erleide.

Als freiberufliche Autorin hat sich mein berufliches Leben mit Corona zeitweise völlig auf mein Dasein im Home-Office reduziert.

Diese Arbeitsform lebe ich seit 15 Jahren, umso wichtiger war der regelmäßige soziale und körperliche Ausgleich. Dazu gehörte in erheblichem Maße das Tango-Tanzen. Berührung, Musik, Begegnungen stabilisierten meine seelische und körperliche Gesundheit.

Mein Tango-Club kann derzeit nur durch Spenden und ein ganz minimales Programm an Kurs-Angeboten überleben.

Jede neue Einschränkung treibt ihn immer weiter ins Aus.

Nicht nur dieser: Allen Hamburger Tango-Clubs droht das Aussterben. Spätestens dann, wenn Tanzen auch in Übungsform wieder verboten wird. Schon jetzt ist die seelische Belastung unter der permanenten Existenz-Bedrohung für alle Club-Betreiber kaum auszuhalten.

Und: Ich habe schon Tango-Tänzer getroffen, die ein fragiles seelisches Gleichgewicht seit Jahren mit regelmäßigem Tangotanzen stabilisiert hatten und nun hochgradig suizidgefährdet sind.

Ich hoffe, das war jetzt nicht zu lang.

Danke für die Aktion!

Katrin

Betrifft: Die im Dunkeln sieht man nicht

Lieber Herr Müller,

dankbar greife ich Ihre Anregung auf und schicke im Anhang einen anonym gehaltenen Bericht.

Ich bin die alte ehemalige Lehrerin und bin voller Entsetzen über das, was da geschieht. Es ist so grauenhaft, weshalb ich es auch nicht kürzer machen konnte. Ich habe einige Kontakte zu ehemaligen Schülern, die alle als Menschen mit Behinderung sehr unter den Maßnahmen leiden. Die beschriebene Geschichte ist allerdings mit Abstand die schlimmste.

Mein Mann und ich sind Leser der ersten Stunde und seit einigen Jahren auch sehr gern Unterstützer der NachDenkSeiten und seit 2003 einfach nur dankbar dafür, dass es Sie gibt!!

Mit herzlichen Grüßen

U. S.

Anhang:

Menschen mit Behinderung

Ein Mensch im mittleren Alter, der allen Hindernissen zum Trotz großartig um ein selbstbestimmtes Leben kämpfte, es weitgehend schaffte und es mit viel Energie so lange wie möglich erhalten wollte, ist durch die »Corona-Maßnahmen« völlig zerbrochen.

Von Geburt an schwerbehindert im Rollstuhl, alleinlebend mit Hilfe eines Pflegedienstes, Angehörige und Freunde gestorben, derzeit einzige Vertrauenspersonen: eine alte ehemalige Lehrerin und ein gesetzlicher Betreuer.

Bis zum März 2020 »war die Welt in Ordnung«: In einer Werkstatt für Behinderte arbeitend, gab es Anerkennung und menschliche Kontakte, Zufriedenheit mit der Situation.

Mit dem Lockdown im März kam: Schließung der Werkstatt und Abbruch aller damit verbundenen Kontakte; kein Kümmern außer notwendiger körperlicher und versorgungstechnischer Hilfe durch den Pflegedienst, und tägliches Telefonieren mit der alten Lehrerin, ab und zu mit dem gesetzl. Betreuer; Zerstörung aller Sicherheit gebenden Strukturen; täglich stundenlanges Alleinsein mit dem Ergebnis eines lebensbedrohlichen körperlichen und seelischen Zusammenbruchs nach acht Wochen; Einlieferung ins Krankenhaus.

Das absolut strenge Besuchsverbot im Krankenhaus war und ist trotz mehrfacher mündlicher und schriftlicher Interventionen durch Betreuer und ehemaliger Lehrerin – bis hin zum Gesundheitsamt – nicht zu durchbrechen und somit konnten auch (außer notdürftig über kurze Telefonate) keine wichtigen Auskünfte über Person und ihren sozialen Hintergrund an Ärzte und Schwestern gegeben werden. In viereinhalb

Monaten Krankenhausaufenthalt, der noch anhält, war nur fünf Mal im Zusammenhang mit jeweils einem extremen bedrohlichen Krankheitszustand eine halbe Stunde Besuch (Betreuer oder Lehrerin) gestattet.

Aus einem Menschen, der trotz schwerer Behinderung sein Leben mit individuell größtmöglicher Selbständigkeit meisterte, ist ein schwerstbehinderter völlig verzweifelter hilfloser, total pflegebedürftiger Mensch geworden, der allen Taten der medizinisch-technischen »Kunst« ausgesetzt wurde, von der Wiederbelebung nach Herzstillstand über künstliches Koma und künstliche Beatmung bis zur künstlichen Ernährung über eine Magensonde, Blasenkatheter usw. Aufgrund unterschiedlicher Kapazitäten in den Krankenhäusern wurde eine dreimalige Verlegung »notwendig«, d. h. in viereinhalb Monaten Behandlung in vier verschiedenen Krankenhäusern.

Hinzuzufügen ist, dass das Besuchsverbot strengstens von der Gesundheitsbehörde angeordnet ist – Ausnahmen in Extremfällen könnten die Krankenhäuser ermöglichen. Wie sie realisiert werden, s. o.

Von den Ärzten und Pflegern war zu hören, dass auch sie darunter leiden und es kritisieren – aber wohl nicht laut genug. Vielleicht ist der Druck zu groß?

Betrifft: Hausrecht der Geschäfte

Mein Hausarzt hat mir aufgrund einer Erkrankung ein Attest zur Befreiung des Mund- und Nasenschutzes ausgestellt. Leider stelle ich immer häufiger fest, dass Geschäfte Atteste nicht akzeptieren und somit keinen Einlass gewähren. Ich habe eine Rechtsschutzversicherung und habe dort nachgefragt. Der Anwalt sagte mir, dass die Geschäfte ein Hausrecht haben und Verbote aussprechen können. Hat das seine Richtigkeit?

Herzliche Grüße

H. M.

Betrifft: Dokumentation Corona-Politik

Gerd Normann (Kabarettist) & Lina Lärche (Sängerin)

Nach dem Lockdown kompletter Ausfall der Engagements und Gagen.

Nach kurzzeitiger Lockerung und dem ein oder anderen Auftritt, der aufgrund der Abstandsregeln vor lediglich 15–30 Personen stattfand, fällt jetzt wieder alles aus, weil das Publikum ausbleibt und weitere Veranstalter absagen. Außerdem haben wir für das nächste Jahr überhaupt keine Planungssicherheit, da die meisten Veranstalter zunächst die ausgefallenen Veranstaltungen nachholen. Hartz IV ist da keine Lösung. Deshalb haben wir einen »Notwehrblog« initiiert, den man im Netz nachlesen kann.

Beste Grüße

Gerd Normann & Lina Lärche

Betrifft: Zum Artikel »Die im Dunkeln sieht man nicht«

Liebe NachDenkSeiten,

Hier ein paar Anekdoten aus meinem Corona-Leben und meinem unmittelbaren Umfeld. Ich muss allerdings dazu sagen, dass es den hier beschriebenen Betroffenen relativ gut geht. Was ich hier schildere, schränkt uns persönlich nicht wesentlich ein, kann aber genauso gut Menschen treffen, denen es viel mehr weh tut.

Herzliche Grüße aus Erlangen
T. W.

Unterhaltspflichtiger geschiedener Vater:

Ein unterhaltspflichtiger Vater bekommt keinen Corona-Kinderbonus. Stattdessen darf er den halben Bonus vom zu zahlenden Unterhalt abziehen. Ärger mit der Mutter ist vorprogrammiert, mit etwas Pech Rechtsstreitigkeiten, z. B. wenn die Höhe des Unterhalts per gerichtlichem Titel festgelegt ist. Und bei der Steuererklärung muss der Vater das Geld zurückzahlen. Hat er versäumt, es einzubehalten, ist es weg. Corona-Kinderbonus wird zu Corona-Kindermalus.

Pendler im Home-Office:

Ein Pendler mit einem Nahverkehrsabo wird wegen Corona teilweise ins Home-Office versetzt. Die Gebühren für das Abo laufen weiter. Hinzu kommen Energie- und Wasserkosten für die Zeit im Home-Office. Da er kein Arbeitszimmer hat, kann er nichts von der Steuer absetzen. Die Politiker diskutieren über eine Pauschale; allein mir fehlt der Glaube.

Blockwarte am Arbeitsplatz:

Eine Führungskraft erinnert ihre Kollegen »aus gegebenem Anlass«, dass die betriebsinternen Hygienevorschriften einzuhalten seien. Auf Rückfrage eines Kollegen erklärt der Vorgesetzte, jemand habe einen Kollegen ohne Maske angetroffen und dieses gemeldet. Nach diesem Ereignis ist das Betriebsklima etwas angespannt, und die an sich durchdachten und erträglichen Hygienevorschriften des Unternehmens verlieren an Akzeptanz.

Schülerin der gymnasialen Oberstufe in Bayern:

Die Teilnehmer eines Projektseminars in einer bayerischen Abiturklasse streiten mit der Lehrerin um die Noten. Die Gruppe erstellte eine Präsentation, deren im Projektauftrag vorgesehene öffentliche Vorführung wegen Corona ausfiel. Die Lehrerin will in die Benotung einfließen lassen, dass die Arbeit unvollständig abgeschlossen wurde.

Schülerin der gymnasialen Oberstufe in Bayern:

Feier des 18. Geburtstages droht auszufallen. Abiturfeier droht auszufallen. Pläne für Praktika, Reisen und freiwilliges soziales Jahr sind vorsorglich verworfen, da völlig unklar ist, ob diese realisierbar werden. Studienwahl ist unsicher, da niemand sagen kann, wie sich Studiengänge entwickeln werden, die derzeit noch als Präsenzstudium konzipiert sind. Nebenjob durch einen möglichen weiteren Lockdown gefährdet.

Chemiedozent an einer bayerischen Universität:

Ist verpflichtet, Praktika durchzuführen. In den Praktikumslabors können keine Abstandsregeln eingehalten werden. Wer die Verantwortung übernimmt, ist unklar.

Servicekraft im Restaurant mit Biergarten:

Läuft in einer 8-Stunden-Schicht bis zu 10 Kilometer. Alles mit Maske. Darf froh sein, noch ihren Job zu haben, da das Restaurant bereits Kollegen kündigen musste.

- -

Betrifft: Bericht über Risiken und Nebenwirkungen

Sehr geehrtes NachDenkSeiten-Team,

ich möchte gern anonym bleiben, dennoch meine eigenen und die Erfahrungen meiner Mutter wiedergeben.

Zu mir:

Ich bin 51 Jahre, männlich, verheiratet, zwei erwachsene Söhne. Ich bin Förderschullehrer in der Inklusion in einer Gemeinde mit 25 000 Einwohnern in NRW. Der Landkreis, in dem ich lebe, hat 386 000 Einwohner.

Die Zahl der positiv Getesteten war immer (!) im Promillebereich, auch im Frühjahr. Als vor den Osterferien der Lockdown kam, nahm man mir meine Arbeit, die ich bis dahin sehr liebte. Ich konnte die anfallenden wichtigen Beratungsgespräche mit der Agentur für Arbeit nicht einstielen, da die Agentur nicht beriet. Praktika wurden abgesagt, Hausbesuche untersagt, Gutachten konnten nicht geschrieben werden. Die Förderschüler meiner Schule hingen in der Luft. School-Schooling funktioniert bei denen, die erhöhten Förderbedarf haben, schon sehr begrenzt, Homeschooling gar nicht. Erziehung und Bildung sind Beziehungsarbeit, die nicht mehr stattfand. Die Zeit bis zu den Sommerferien gab den SchülerInnen keinen Rahmen der Orientierung, mühsam aufgebaute Beziehungen litten, Bildung fand kaum statt, die Eltern waren böse überfordert. Ich war der Telefonseelsorger zahlreicher Familien und hatte selbst beim Einkaufen Elternsprechtage. Hinzu kamen die unsäglichen panikmachenden »Mainstream-Nachrichten«, die die Ängste der Kinder und ihrer Eltern befeuerten.

Mir selbst setzten diese Umstände sehr zu, ich wurde krank. Bin es auch jetzt noch und seit August dienstunfähig. Hinzu kommt, dass ich als Allergiker mit chronischer Sinusitis schon ohne Maske schlecht Luft bekomme und mit Maske schnell Kreislaufprobleme habe.

Zu meiner Mutter:

Sie ist 83 Jahre alt, seit drei Jahren Witwe und eine kontaktfreudige Frau.

In ihrer unmittelbaren Wohnumgebung gibt es einen Treff für Jung und Alt, der ein tägliches Angebot für ca. vier bis sechs Stunden hat, Kochen, Basteln, Einkaufen, Ausflüge etc. Nach dem Tod meines Vaters war das ein Segen für meine Mutter. Während des Lockdowns vereinsamte sie. Bei ihren täglichen Spaziergängen gab es wenige Kontakte, weil »man sich ja nicht treffen soll«. Seit der ersten Lockerungsphase ist die Teilnehmerzahl im Treff auf zehn Personen begrenzt. War meine Mutter früher an fünf Tagen in der Woche dort, ist sie aktuell an drei bis vier Tagen im Monat in Gesellschaft.

Seit ca. sechs Wochen geht es meiner Mutter zunehmend schlechter. Die Menschen, mit denen sie sich früher traf, verlassen kaum noch ihre Wohnung, weil sie Angst haben sich zu infizieren. Sie geht nur noch selten spazieren, da ihr das keine Freude mehr bereitet. Ihre einzig dauerhafte Bezugsperson bin ich. Was bei meiner oben geschilderten Situation auch keine leichte Aufgabe darstellt.

Ich wünsche allen Mitarbeitern des NDS-Teams eine gute Zeit, Licht und Liebe. Es tut mir unendlich gut, dass ich über das Lesen eurer Seite spüre, dass ich nicht allein bin!!!

Viele Grüße

R.

Betrifft: Artikel: Die im Dunkeln sieht man nicht …

Sehr geehrter Herr Müller,

sehr gern schildere ich Ihnen meine persönlichen Nebenwirkungen zur Corona-Krise:

Ich bin seit einigen Jahren bei einem ostdeutschen Reiseveranstalter tätig. Alle Jahre waren bisher von Wachstum geprägt. Seit Mitte/Ende März bin ich in Kurzarbeit »null«, also komplett zu Hause. So wie ein Großteil der restlichen Belegschaft von ca. 100 Angestellten. Ein kleiner Kern der Belegschaft kümmerte sich mit nur teilweise Kurzarbeit um die noch laufenden Vorgänge. Ein Ende ist momentan nicht absehbar und wird sich noch weit ins Jahr 2021 ausdehnen. Der weitere Bestand der Firma läuft vermutlich ab Ende dieses Jahres über Kredit. Die Bank gewinnt immer ... Arbeitsverhältnisse in Probezeit, Praktikanten wurden sofort im März gekündigt. Im September wurden die ersten 24 Arbeitsverhältnisse betriebsbedingt gekündigt. Weitere werden sicherlich folgen, das Arbeitsvolumen wird definitiv auch für den gesamten Rest nicht reichen.

Liebes Team der NachDenkSeiten, macht bitte weiter so, vielen Dank für die unermüdliche Arbeit!

Mit freundlichen Grüßen

D. D., Dresden

Betrifft: Kinder

Meine Enkelkinder, Benedikt K. (7 Jahre) und Leopold P. (8 Jahre), müssen in 14-tägige Quarantäne, weil Mitschüler positiv auf Corona getestet, sie selbst aber negativ auf Corona getestet wurden und nicht krank waren.

Die Mannschaft des FC Bayern wird nicht in Quarantäne geschickt und darf Champions League (A. Madrid) spielen, obwohl ein Spieler (Gnabry) und ein Staff-Mitarbeiter am gleichen Tag positiv auf Corona getestet wurden.

MfG

H. J.P.

Betrifft: Leiden an Corona-Politik

Sehr geehrtes und überaus geschätztes
NachDenkSeiten-Team,

ohne viel Worte verweise ich zunächst auf beiliegende Petition an den Thüringer Landtag. Hier schildere ich Vorgänge in der Kultur, welche o. g. Themenbereich zuzuordnen sind.

Es ist ein Skandal, was am örtlichen Theater und dem verbundenen Theater in Eisenach geschieht. Die einzelnen Künstler sehen sich ökonomischen Zwängen ausgesetzt und begehren so aus nachvollziehbaren Gründen nicht auf.

Da ich dies insbesondere in Zeiten der Corona-Problematik nicht tolerieren möchte, sah ich mich veranlasst die Petition zu starten. Es wurde bereits in der Lokalpresse aufgegriffen und die Zivilgesellschaft zeigt großes Interesse.

In Zeiten von Corona sind das »Zusammen und Füreinander-Einstehen« wichtiger denn je!

Sie können meine Petition gerne nutzen und online stellen. Ich denke, an anderen Theatern in Deutschland werden ähnliche von Empathielosigkeit gekennzeichnete Vorgänge vonstattengehen.

Vielen Dank für Ihre Arbeit.

Mit freundlichen Grüßen
Robert Branzk

Anhang:

An den Petitionsausschuss des Thüringer Landtags am 03.10.2020
Sehr geehrte Damen und Herren,

warum wird ein Großteil der Schauspieler am Meininger Staatstheater gerade in der aktuellen durch Corona geprägten Zeit rausgeschmissen?

Entschuldigen Sie meine Empörung, ich werde mich nun zügeln.

Ich wende mich an Sie, weil ich enttäuscht und eigentlich auch fassungslos über aktuelle Entwicklungen am Meininger Staatstheater bin. Sicher gibt es aktuell in Zeiten gesellschaftlicher Umbrüche und Herausforderungen, die Erde für unsere Kinder lebenswert zu erhalten, wichtigere Themen.

Unsere Zeit ist leider durch ein Auseinander gekennzeichnet. Alte Beziehungen und gewohnte Strukturen sind insbesondere durch die Corona-Problematik gebrochen und der Zusammenhalt der Gesellschaft scheint mir sehr gefährdet.

Was hält unsere Gesellschaft aber auch zusammen? Kultur als Spiegelbild der Gesellschaft hält den demokratischen Prozess aufrecht und verbindet oft. Kultur spielt auch eine wesentliche Rolle im Kleinen wie im Großen und eben ein kleiner Teil der Kultur scheint Opfer der üblichen Praxis in der Theaterbranche geworden zu sein. Dies erscheint insbesondere unter Berücksichtigung der aktuellen Corona-Problematik dramatisch.

Ich habe Gelegenheit gehabt, einen kleinen Einblick in das Theaterleben und der dort beschäftigten Künstler zu erhalten, und erlaube mir nun in Kürze zu beschreiben, was mich und mögliche Unterzeichner verwundert und enttäuscht.

Im Jahr 2021 steht ein Intendantenwechsel am Meininger Theater an. »Gängige Praxis« ist es, im Zuge des Intendantenwechsels Personalien auszutauschen, um so dem eigenen künstlerischen Anspruch gerecht zu werden. Diese Entscheidungen werden in laufender Spielzeit getroffen und dann in der darauffolgenden Spielzeit umgesetzt. So fanden vor kurzem Vorsprechen statt, in denen sich das bisherige Ensemble bei dem zukünftigen Schauspieldirektor und Intendanz präsentieren konnte, um auf eine Weiteranstellung hoffen zu können. Arbeitsverträge der Schauspieler sind leider in der Regel für zwei Jahre befristet und werden anschließend jährlich verlängert.

Am Meininger Theater sind insgesamt 17 Schauspieler beschäftigt. Davon sind 4 festangestellte Schauspieler, welche der durchaus fragwürdigen »üblichen Anstellungspraxis« nicht mehr ausgesetzt sind. In Rede stehen also 13 befristet angestellte Schauspieler, welche die Chance bekamen, weiter beschäftigt zu werden. Hiervon wurden lediglich 3 verlängert. Den übrigen wurde nicht verlängert. Ohne den Anspruch erheben zu wollen, über schauspielerische Fähigkeiten und deren Eignung umfassend urteilen zu können, erscheint mir diese Entscheidung dennoch sehr fraglich.

Das nunmehr »gekündigte« Ensemble scheint mir ohne ersichtlichen Grund und insbesondere ohne Berücksichtigung der aktuellen Corona-bedingten Situation abserviert worden zu sein. Es finden weitere Vorstellungsgespräche statt, um neue Schauspieler für die kommende Saison und die nunmehr vakanten Stellen zu engagieren. Gleiches gilt auch für die angestellten Sänger und Beteiligten mit Bühnenverträgen im Musiktheater.

Unter Berücksichtigung der aktuellen Corona-Problematik erschüttert es mich, da die bisherigen Schauspieler durch bestehende Hygieneverordnungen keine Gelegenheit hatten, ihr Können unter Beweis zu stellen. Der Betrieb musste schließlich eingestellt werden. Vielmehr sind die »Nichtverlängerten« in der jetzigen Situation mit der nahezu sicheren Gefahr konfrontiert, keine Anstellung an Theaterhäusern zu bekommen, da alle Theater den Betrieb stark reduziert haben. Arbeitslosigkeit und Perspektivlosigkeit drohen massiv.

Das meiner Einschätzung nach schon grundsätzlich prekäre Beschäftigungsverhältnis wird leider ad absurdum geführt, wenn es selbst in Zeiten der außergewöhnlichen Belastung durch Corona aufrechterhalten wird.

Diese Praxis widerspricht der aktuellen Willensbekundung sämtlicher politischer Parteien, Kunst und Kultur zu erhalten und Künstler zu unterstützen.

Unternehmen und Angestellte werden in Zeiten der Corona-Problematik auf verschiedenste Art und Weise unterstützt. So auch Festangestellte des Theaters in Meiningen, welche glücklicherweise durch Kurzarbeit und 100 % Lohnfortzahlung aufgefangen werden. So sehen sich auch die Angestellten durch einen außerordentlichen Kündigungsschutz abgesichert.

Ich wünsche mir sehr, dass unsere Schauspieler nicht der Arbeitslosigkeit und den daraus resultierenden Problemen ausgesetzt werden. Unsere Künstler spielen eine wichtige Rolle im Zusammenleben unserer Gesellschaft und sind oft Sprachrohr für notwendige Entwicklungen. So habe ich mir erlaubt für »sie« zu sprechen.

Ein Jahr Verlängerung für alle Betroffenen würde die akuten Existenzsorgen mindern. Zudem könnte sich der neue Intendant von dem vorhandenen Potential bei den bevorstehenden Vorstellungen überzeugen und für die Spielzeit 2022 seine Visionen mit den vorhandenen und/oder neuen Künstlern umsetzen.

Mit freundlichen und hoffenden Grüßen
Robert Branzk

Betrifft: Die im Dunkeln sieht man nicht. Eine Dokumentation über Risiken und Nebenwirkungen bei einfluss-losen Kreisen macht Sinn

Hallo geschätztes NDS-Team,

ich arbeite als pädagogischer Betreuer in einem Wohnheim für Menschen mit einer geistigen Behinderung. Diese waren während des Lockdowns mit der verordneten Ausgangssperre und Besuchsverbot belegt. Es waren also weder Arzttermine, Friseurbesuche, Krankengymnastik oder andere therapeutischen Maßnahmen noch Einkäufe, familiäre oder freundschaftliche Kontakte möglich. Auch die Werkstätte, in der sie arbeiten, hatte geschlossen und wenn sie ins Krankenhaus mussten, war das mit einer anschließenden zehntägigen Quarantäne verbunden, in der sie ihr Zimmer nicht mehr verlassen durften. Bei manchen Bewohnern führte das zu Depression, bei anderen zu Aggressionen. Die psychischen Spannungen nahmen zu und entluden sich täglich. Ein Bewohner entglitt uns psychisch total und wird jetzt in der Psychiatrie wieder pharmakologisch eingestellt, da er neben Essen und Trinken auch seine Medikamente verweigerte. Er war es gewöhnt, von seinen Familienangehörigen regelmäßig besucht zu werden, die ihm die Streicheleinheiten zukommen ließen, die er für seine psychische Stabilität dringend brauchte. Alle Bewohner litten und leiden immer noch sehr unter dem »Schutz«, der ihnen auferlegt wurde.

Für uns Betreuer war es und ist es noch immer eine harte Zeit. Kolleg/inn/en hatten sich zum Teil aus Angst krankschreiben lassen, so dass der Dienst von den verbliebenen abgedeckt werden musste und zu Überstunden und Pausenverzicht führte. Zudem war die Belastung durch die schon oben erwähnten Aggressionen der Bewohner noch zusätzlich erhöht. Das Tragen der Masken während der Dienstzeit empfinde ich nach wie vor als unerträglich, vor allem bei der Pflege, wenn man in Feuchträumen arbeitet, z. B. wenn man Bewohner beim Duschen begleitet. Die Masken werden dann schnell dicht und man bekommt kaum noch Luft.

Ich habe für mich entschieden mein Arbeitsverhältnis vorzeitig zu beenden, sollte es zu einem zweiten Lockdown kommen oder die Verordnungen über den März hinaus gelten sollten und in eine Dauerwelle ausarten. Ich habe diese Arbeit gerne gemacht, weil ich sie im Gegensatz zu meiner Tätigkeit davor als sinnvoll empfand. In der Industrie verdient man circa viermal so viel und bekommt die volle Wertschätzung für die Herstellung von nutzlosen, gesundheitsschädlichen Produkten, die eigentlich kein Mensch wirklich braucht. Den »Applaus« all der Maßnahmenbefürworter empfinde ich im Nachhinein als Hohn, wenn ich mir die Vorschläge der Arbeitgeber im Öffentlichen Dienst anschaue. Es ist schon erstaunlich, wie schnell man doch vom systemrelevanten Helden zum Hanswurst geraten kann.

Mit freundlichen Grüßen
J. D.

Betrifft: Die im Dunkeln sieht man nicht. Eine Dokumentation über Risiken und Nebenwirkungen bei einfluss-losen Kreisen macht Sinn

1. Familie: Eingeschränkte bis keine Familienbesuche mehr, weder im Inland und schon gar nicht im Ausland wg. Quarantäne-Gefahr.

2. Wirtschaftliche Existenz: Arbeitsplatz der Gattin bedroht wg. der Maßnahmen, neue Anstellung für Gatten seit

Mai wg. der Maßnahmen nicht angetreten. Altersarmut prävalent.

3. Datensicherheit: Home-Office nimmt erheblichen Raum in teurer Mietwohnung ein. Die Vertraulichkeit (private wie berufliche) ist eingeschränkt.

4. Öffentlicher Raum: Aggressive Gesichter der Wartenden an Bushaltestelle, wenn ich mit dem Fahrrad auf dem dafür vorgesehen Fahrradweg und ohne Maske vorbeifahre.

5. Bildung: Auf digitalen Unterricht vollkommen unvorbereitete Lehrer.

6. Gesundheit: Kein Sport in der Schule, kein Sport im Verein, Fitnesszentrum teilweise bis ganz geschlossen.

7. Privateigentum: Im Ausland (Freizeitunterkunft) kann nicht mehr zur Kontrolle und notwendiger Versorgung aufgesucht werden (Quarantänegefahr).

8. Krankenversorgung: Verwandter wird nach schwerer Magen-OP innerhalb von sechs Tagen nach Hause geschickt. Nach weiteren zehn Tagen wieder zurück in die ärztliche Pflege mit Entzündung und Mangelernährung. Nahtoderfahrung?

MfG
H. Z.

Betrifft: Ich mache mit

An die Redaktion von NachDenkSeiten,

ja, ich will meine Erfahrungen mit den neuesten und m. E. ausufernden Maßnahmen bezüglich Corona, Freiheitseinschränkungen und Denunziation darstellen.

Während meines jetzigen Heide-Aufenthalts (Ende Oktober 2020) musste ich folgende für mich demütigende, widersinnige, willkürliche und erschreckende Erfahrungen machen:

- Im Frühstücksraum des Hotels mussten wir als Gäste beim Betreten eine Maske tragen,

- beim Sich-Setzen an den Tisch desselben Raumes die Maske ablegen,

- beim Sich-Bedienen am Büffet im selben Raum die Maske anlegen,

- beim Setzen wieder ablegen, beim erneuten Aufstehen, um sich erneut zu bedienen, im Raum, die Maske anlegen usw. usw.

Fazit: Das nunmehr anscheinend zum allintelligenten Virus erklärte Covid-19 ist also im Moment des Betretens des Raumes gefährlich, am Tisch zu sitzen im selben Raum aber wieder nicht usw. usw.

Was mich maßlos empört, ist immer noch,

- dass wir als Bürger dadurch für komplett unfähig des eigenständigen, logischen Denkens erklärt werden.

- dass um mich herum, wie in einer Geisterwelt, alle Mitmenschen widerstandslos und willenlos diesen offenkundigen Irrsinn mitmachen – es hat kein Verwundern, keine Empörung, keinen Aufschrei über diese Maßnahmen bei auch nur irgendjemanden – außer mir – (allerdings innerlich, weil anders nicht möglich, man hätte mich des Hotels verwiesen) gegeben.

Schlimmer noch: Ein junger Mann in diesem Frühstücksraum wollte mich bei der Polizei denunzieren, als ich die Maske nicht vollständig über die Nase zog, und erhob sich selbst zum Blockwart.

Dieser Alptraum geht bereits unwidersprochen in Richtung Orwell *1984*!

> Viele verzweifelte Grüße an die Redaktion
> der NachDenkSeiten
> H. C.

Betrifft: Die im Dunkeln sieht man nicht

Sehr geehrter Herr Müller,

sehr geehrtes Team der NachDenkSeiten,

ich versuche faktenreich und kurz »meinen Fall« zu beschreiben.

Meine Schwiegertochter musste (!!) im Lockdown (dem ersten Lockdown im Frühjahr 2020) ihren Arbeitsvertrag kündigen, weil sie bis 13 Uhr ihre Tochter von der Kita abholen musste und der Arbeitgeber diese Arbeitszeit (bis 13 Uhr) nicht mittragen konnte, so die Aussage des Arbeitgebers. Bei einem Arbeitsbeginn um 6 Uhr am Morgen und einer Arbeitszeit von 30 Stunden in der Woche wäre das möglich gewesen (selbstverständlich ohne Überstunden). Sie wartet seit zwei Monaten auf eine Antwort des Arbeitsamtes. Angeblich sind die notwendigen Papiere von ihr (zwei Mal abgeschickt) nicht eingegangen beim Arbeitsamt, Ansprechpartner gibt es auch nicht mehr, das sind die Fakten!!!

Mein Sohn konnte sich keine Fehlzeiten leisten, weil er sich in der Probezeit befunden hat.

Mein Mann ist am 1. Juni nach einem plötzlichen Zusammenbruch und einer 20-minütigen Reanimierung in die Universitätsklinik in Hamburg eingewiesen worden. Die Familienangehörigen durften wegen eines eventuellen Corona-Verdachts nicht mitfahren. Nach vier negativen PCR

Tests (bei meinem Mann) und einer Verlegung auf die »Nicht-Corona«-Intensivstation mussten wir als Familienangehörige stundenlang in der Notaufnahme der Uni-Klinik auf den behandelnden Arzt warten. Dieser wies uns daraufhin, dass die Schäden der Reanimierung nicht abzuschätzen seien und mein Mann noch nicht über den Berg sei. Besuche sind aufgrund der Verordnungen nicht zugelassen.

Das Telefon auf der Intensivstation war in der Nacht bis auf eine Ausnahme immer besetzt. Die Ärzte hochgradig wütend, nicht weil Personal fehlte, sondern weil die Angehörigen andauernd nerven (!!!!!!) und sie keine Aussagen treffen können.

Die einzige Antwort, die wir bekamen, war, dass die Ärzte keine Aussage über die Behandlung machen können, außer dass mein Mann ins künstliche Koma versetzt worden sei.

Um 13 Uhr am nächsten Tag hat endlich jemand auf der Intensivstation das zweite Mal den Hörer abgenommen und uns mitgeteilt, dass mein Mann bereits um 11 Uhr verstorben sei.

Mein Mann musste alleine sterben und Familie und Freunde durften sich mit neun Personen von ihm verabschieden.

Meine Schwester befindet sich in Kurzarbeit an einem städtischen Theater in Norddeutschland.

Mein Neffe wird als Koch jetzt im Winter zu 90 % zum zweiten Mal arbeitslos werden (die Ankündigung wurde bereits ausgesprochen).

Meine Enkeltochter kann keinen Schnuppertag in der Vorschule machen, weil sie andere anstecken könnte oder angesteckt wird.

Ihre Erzieherin ist krank und sie ist täglich damit beschäftigt, dass sie kein Corona hat, obwohl sie brav in die Armbeuge hustet bei der Corona-Rotznase. Sie hat Angst um ihre Erzieherin.

Die Auswirkungen sind sehr, sehr traurig und existentiell, wir leben in prekären Verhältnissen.

Wissen Sie Herr Müller, die Zeiten sind so, dass ich auch den NachDenkSeiten schreiben muss, dass ich zwei Studienabschlüsse habe und eine Therapieausbildung besitze, da ich als Intellektuelle in diesem Land keinen Namen habe. Es geht um eine umfassende Verelendung der Massen!!!!!

Solange Sie immer noch schreiben müssen, dass Sie die Gefährlichkeit des Virus nicht leugnen, bleiben Sie Bestandteil der Angst-Front.[4]

Schreiben Sie doch, dass Sie als Risikogruppe (aufgrund Ihres Alters) noch nicht erkrankt sind und warum nicht, wie können sich Risikopatienten vor der Gefährlichkeit schützen? Und dass die Eltern von Ihren MitarbeiterInnen noch nicht schwer erkrankt sind.

Das würde den Menschen helfen.

Oder der neue Artikel von Prof. Klaus-Jürgen Bruder zu einer wichtigen psychologischen Analyse, der Massenloyalität.

Conny St.-W.

---

4 Redaktionelle Anmerkung: Bezüglich des geäußerten Vorwurfs, die NachDenkSeiten seien Teil der »Angst-Front«: Das sehen wir anders. Wir versuchen, seit März 2020, also von Anfang an, differenzierte Aufklärungsarbeit zu leisten.

Betrifft: Vergessene oder schweigende Mehrheit

Guten Tag,

ich bin Rentnerin, 71 Jahre alt und nebenberuflich selbständig als Heilpraktikerin, da ich von der Rente meinen Lebensunterhalt nicht bestreiten kann.

Infolge von Corona sind meine nebenberuflichen Einnahmen geringer ausgefallen bzw. während des Lockdowns komplett.

Ich hätte gerne eine staatliche Unterstützung – wie andere sie auch bekommen.

Die ist meines Wissens aber nicht vorgesehen.

Ich wurde auf Grundsicherung und/oder Wohngeld verwiesen bzw. darauf, dass ich erst einmal auf meine eigenen Reserven zurückgreifen muss.

Mit freundlichen Grüßen
Anna Groß-Alpers

Betrifft: Die im Dunkeln sieht man nicht

Guten Tag,

ich möchte aus einem Brief zitieren, den uns ein sehr alter Bekannter, seit zwei Jahren Bewohner in einem Berliner Altenheim, jetzt im Oktober schrieb. Er ist 89.

… Von den Altersheimen wird das ausgenutzt in Vorsichtsmaßnahmen. Ich hatte in einem Schreiben dagegen protestiert. Auf dem Flur ist ein Schreiben veröffentlicht, dass man sich drei Tage vorher zu einem Gespräch anzumelden hat. Hoffentlich erleben wir noch andere Zeiten, bevor unser Leben zu Ende geht …

Nach meinem Kenntnisstand sind spontane Besuche nicht möglich, Besucher müssen sich anmelden, am Haupttor klingeln und warten. Die Bewohner dürfen das Heim verlassen, nur mit Maske, was unserem Bekannten wegen seiner schlechten körperlichen Verfassung eine große Last ist.

(Und noch etwas: Unser Bekannter ist klar bei Verstand, kein unzufriedener Nörgler und schreibt auch klar und fehlerfrei.)

Mit freundlichen Grüßen
Ihre NachDenkSeiten-Leserin
C. F.

Betrifft: Die im Dunkeln sieht man nicht

Sehr geehrte Nachdenkende,

da möchte ich auch noch ein paar Anmerkungen zu Ihrer Dokumentation hinzufügen:

1. Beispiel: Musiker im anspruchsvolleren Unterhaltungsbereich (Liedermacher) und Autor (mythische Geschichten), 66, Rente reicht bei Weitem nicht, Ehefrau arbeitet zum Mindestlohn in der unteren Gleitzone. Mit März/April 2020 sind praktisch alle Auftritte (Musik und Lesungen), die gleichzeitig Einnahmen durch Verkauf von CDs und Büchern brachten, weggebrochen. Die jährliche Ausschüttung der GEMA-Tantiemen für Live-Darbietungen entfällt dann ab nächstes Jahr auch weitestgehend. Besserung ist nicht in Sicht, im Frühjahr für den Herbst vereinbarte Nachholtermine sind inzwischen auch abgesagt. Für das weitere Älterwerden muss also eine vollkommen neue Lösung gefunden werden; die bisherige Existenz ist so nicht fortzuführen. Grundsicherung/Hartz IV würde jede Möglichkeit, selber die Situation zu verbessern, völlig ausschließen. Mehrere der ansonsten

regelmäßig bespielten Veranstaltungsorte haben bereits dauerhaft geschlossen, da sie unter Corona-Bedingungen nicht mehr existenzfähig waren und Besserung ja auch nicht in Sicht ist (Ankündigungen z. B. von Herrn Wieler, dass die Corona-Maßnahmen auch bei Vorhandensein eines Impfstoffes über Jahre weitergehen würden).

2. Beispiel: 86-jährige Seniorin in einem norddeutschen Seniorenheim, dessen Belegschaft im Übrigen äußerst menschlich und zugänglich ist, seit Monaten am Limit arbeitet und ansonsten ja alle dauernd wechselnden Vorschriften umsetzen muss. Üblich ist zweimal wöchentlich ein Besuch eines nahen Angehörigen (feste Bezugsperson) gewesen, der als regelmäßiges »Highlight« immer wieder herbeigesehnt wurde. Der Lockdown im Frühjahr mit der völligen Kontakt- und Ausgangssperre (wegen des zugänglichen Personals waren wenigstens immer wieder kurze Telefonate möglich) brachte rapiden Kräfteverlust, Zunahme der kognitiven Einschränkungen (keine ausgeprägte Demenz, d. h. sie bekommt mit, was um sie herum geschieht), körperlichen Verfall.

Seit wieder Besuche und auch Spaziergänge (zunehmend im Rollstuhl) möglich wurden, stabilisierte sich der Zustand. Jetzt wird das Haus wieder geschlossen, Besuche sind nur noch im gesonderten »Besuchszimmer«, d. h. getrennt durch Plexiglasscheibe, mit Masken, Voranmeldung, Desinfektion, beschränkter Zeit und vielen Mithörern der Gespräche (räumlich nicht anders möglich), durchzuführen. Das Personal bemüht sich bewundernswert, möglich zu machen, was die Vorschriften hergeben. Da aber absehbar ist, dass die nächsten Wochen wieder die völlige Isolation bringen werden (angekündigter Lockdown, Isolation aller Menschen in ihren Räumen, möglichst nur noch digitaler Kontakt), ist auch zu befürchten, dass die Kräfte der Dame nicht mehr lange reichen werden.

Wenn ich um mich schaue, könnte ich sehr viele weitere Beispiele aufzählen. Diese sollen aber hier einmal reichen.

Mit besten Grüßen

S. H.

Betrifft: Bericht über eines von (vermutlich) zigtausenden Masken-Opfern

Lieber Herr Müller, liebe Kollegen,

ich möchte hier einen Einzelfall schildern, der allerdings exemplarisch für (wie ich vermute) Zigtausende steht. Die Betroffene selbst würde sich in dieser Form nie äußern, da sie ein Leben im Internet gar nicht kennt.

Ich spreche von der Kassiererin eines Drogeriemarktes, die ich schon lange kenne und die in vorbildlicher Weise Jahrzehnte lang ihren Job gemacht hat. Sie hat zuverlässig gearbeitet und gleichzeitig alle Kunden mit einer Herzlichkeit bedient, die absoluten Seltenheitswert hatte. Obwohl sie sehr wenig verdient hat und sich nur eine kleine Ein-Zimmer-Wohnung leisten konnte, hat sie ihre Arbeit und ihr Leben geliebt. In ihrer Freizeit hat sie Standardtänze getanzt, ein Leben am Computer ist ihr völlig fremd. Ich persönlich habe mich wegen ihrer unerschütterlichen Fröhlichkeit auch mal etwas länger an der längsten Schlange angestellt. Das war es mir wert. Ich nenne sie im Folgenden Frau H.

Durch die verschärfte Maskenpflicht in Hamburg, die auch Plastikvisiere verbietet, ist diese Frau dazu gezwungen, den ganzen Tag eine Stoffmaske – trotz Plexiglasscheibe!!!!! – zu tragen. Gestern sah ich sie dort und erlebte einen Menschen, den ich kaum wiedererkannte. Sie klagte über Kopfschmerzen, Schwindelgefühle und Übelkeit, zeigte mir die Magentabletten, von denen sie täglich mehrere nimmt, um ihre Schmerzen auszuhalten.

Offiziell darf sie die Maske wohl gelegentlich abnehmen, doch sobald sie es tut, wird sie von Kunden beschimpft und aufgefordert, sie sofort wieder aufzusetzen. Als sie mir das erzählte, zitterte sie am ganzen Körper und war den Tränen nahe. Sie ist völlig verzweifelt. Ich sagte ihr, sie könne sich erst einmal krankschreiben lassen, doch sie protestierte, den Tränen nahe: »Ich will doch arbeiten gehen! Wenn ich jetzt zu Hause rumsitze, werde ich verrückt.«

Alle ihre Beschwerden bei Vorgesetzten laufen ins Leere. Ich habe Angst, dass sie die nächsten Wochen und Monate nicht überlebt, zumindest aber als der lebensfrohe, optimistische Mensch, der sie jahrzehntelang war, zerstört wird. Frau H. ist ein Opfer der Maßnahmen, aber auch der Panik-Mache von Politik und Medien, die Corona-Paniker hervorbringen, welche meinen, einer Kassiererin das freie Atmen verbieten zu müssen.

Das, was Frau H. erleidet, davon bin ich fest überzeugt, erleiden Zigtausende. Sie wissen nicht, an wen sie sich wenden sollen. Nicht einmal die Gewerkschaften gehen gegen den Maskenzwang vor. Sie werden vom Tragen dieser Stoffmasken regelrecht gefoltert und wissen keinen Weg, wie sie sich dagegen wehren können, da auch eine Krankschreibung ihre seelische Not nicht lindern kann. Sie fragen sich, wie soll ich noch leben, wenn der Beruf, in dem ich seit Jahrzehnten gerne arbeite, zur täglichen Folter geworden ist?

Wer kümmert sich um diese Menschen? Ich habe schon vor längerer Zeit eine Eingabe an die Hamburger Bürgerschaft geschrieben, in der ich auf alle Berufsgruppen hingewiesen habe, die von dieser Folter betroffen sind. In der Antwort hieß es, dass die Bearbeitung bis zu sechs Monaten dauern könne. Bis dahin sind Menschen wie Frau H. körperlich am Ende, wenn sie überhaupt noch leben.

Ich bitte Sie, in Ihrer Sammlung auch von diesen Menschen zu sprechen. Es sind vor allem Menschen, die es nicht gewohnt sind, öffentlich über sich selbst zu sprechen. Deshalb müssen wir das tun!

Herzliche und kollegiale Grüße

Katrin

Betrifft: Die im Dunkeln sieht man nicht

Liebe NachDenkSeiten,

ich arbeite als examinierte Kinderkrankenschwester in der ambulanten Pflege. Seit dem Lockdown Mitte März wurden von Seiten der Krankenkassen die Pflegeberatungseinsätze für pflegebedürftige Personen ausgesetzt. Seit Oktober dürfen wir nun wieder diese Einsätze leisten, vorerst für Patienten mit Pflegegrad 4 und 5, d. h. bei den Patienten, die einen sehr hohen Pflegebedarf haben. Und was ich von Seiten der Eltern jetzt erfahre, ist bestürzend. Denn diese Kinder sind in der Regel tagsüber in entsprechenden Einrichtungen betreut, bekommen dort ihre notwendigen Therapien, werden individuell gefördert und haben ihre festen Tagesabläufe. Von einen Tag auf den anderen (März Lockdown) wurden diese Eltern mit ihren z. T. schwerstbehinderten Kindern alleine und sich selbst überlassen. Was diese Familien in dieser Zeit geleistet haben, ist unvorstellbar. Mir wurde berichtet, dass die Autoaggressionen bei den behinderten Kindern in dieser Phase, wo kein Schulbesuch möglich war, extrem zugenommen haben. Es ging über Schläge auf den Kopf, ins Gesicht, Haare ausreißen, sowie Kratzen und lautes Schreien, um nur ein paar Beispiele zu nennen. Nun dürfen die Kinder seit Schuljahresbeginn wieder regulär in ihre Einrichtungen und plötzlich müssen sie wegen Kontakt zu einer positiv getesteten Person wieder von einem Tag auf den anderen in Quarantäne. Trotz durchgeführtem negativen Corona-Test. Insbesondere autistische Kinder, sowie ihre Eltern, benötigen einen geregelten Tagesablauf, eine Struktur, damit sie ihr Leben überhaupt meistern können. Der Schulbesuch etc. ist die einzige Zeit, wo Familienangehörige eine Entlastung haben. Nicht nur für diese Kinder muss es Ausnahmeregelungen geben! Denn Quarantänemaßnahmen, wie von Gesetz gefordert, sind eindeutig Kindswohl und Eltern gefährdend. Denn Letztere leben z. T. schon seit Jahren an der Grenze ihrer Belastbarkeit.

Mit freundlichen Grüßen

A. P.

Betrifft: Gedanken zu Corona-Folgen

Gibt es andere Stellen oder sind Sie die einzigen, die solche Berichte für die Nachwelt festhalten?

Dann ist es umso wichtiger, auch wenn Sie nicht alle verwerten oder auswerten können, irgendwann wird es jemand tun.

Diese Erfahrungen und Gedanken habe ich zu dem Thema:

1. Durch die schlimmsten 14 Wochen bin ich mit 2/3 weniger Umsatz nur deshalb gut durchgekommen, weil ich zufällig bereits zum 1. Januar eine Angestellte entlassen habe, deren Lücke ich dann nicht auffüllen musste.

2. Im Mai bekam ich einen Teil meiner Altersvorsorge aus- bezahlt, die ich nun als eiserne Reserve im Hintergrund habe, dies bewahrte mich vor Panik und Existenzängs- ten.

3. Als kleine Unternehmerin arbeite ich weit mehr als 40 Stunden – mein Beruf ist auch mein Hobby – und fühle mich damit gut. Der wichtige Ausgleich und Sport ist Volkstanz. Mit Lehrgängen, Festen und unregelmäßigen Übungsabenden oder Auftritten. Dort treffe ich meine Freunde und fülle meinen Speicher für ein zufriedenes Leben auf. Das letzte Treffen war im März, seitdem kom- men reihenweise die Absagen von allen Veranstaltungen bis weit ins nächste Jahr hinein. Bei unserer Art zu tan- zen sind keine Abstandsregelungen möglich, jeder tanzt mit jedem und möglichst viele im Saal.

4. Persönlich kenne ich niemanden, der krank geworden ist, und im roten Gebiet Landkreis Neuwied sind bisher nur vier Menschen mit Corona gestorben. Jetzt im Herbst noch niemand.

5. Auch wenn 1 % der Menschen auf der Welt mit Corona stirbt, sind damit der wirtschaftliche Zusammenbruch und drohende Aufstände und Kriege vertretbar?

6. Wenn wir weltweit mit dem Virus leben müssen, den wir alle früher oder später haben werden, aber nur wenige Menschen schwer krank werden und noch weniger ster- ben, ist dies dann ein Prozess der natürlichen Auslese?

E. H.

Betrifft: Folgen von Corona

Liebes NachDenkSeiten-Team,

ich melde mich auf Ihren Aufruf vom 22.10.20, um meine persönlichen Erfahrungen mit Ihnen zu teilen.

Ich bin 44 Jahre alt und mein Problem betrifft die Maskenpflicht.

Seit Anfang Januar 2020 bin ich in einer medizinischen Reha für psychische Erkrankungen. Die Einschränkungen der letzten Monate und ganz besonders die Einführung der Maskenpflicht haben bei mir ein altes Trauma wieder zum Vorschein gebracht. Mir machen vermummte Gesichter und der blinde Gehorsam, mit dem die Mehrheit die Maske trägt, große Angst.

Aus diesem Grund habe ich von meinem Arzt eine Befreiung bekommen. Zuerst dachte ich, das würde mir helfen. Das war leider nicht so.

Nachdem ich einige Male angesprochen wurde, dass ich doch gefälligst eine Maske tragen solle, habe ich mir einen Ansteckbutton gemacht, um auf meine Befreiung hinzuweisen. Dadurch wurden zwar die Kommentare weniger, aber ich fühle mich jedes Mal wie stigmatisiert. Ein Bekannter meinte dazu: »Ist es schon wieder so weit, dass man einen ›Judenstern‹ tragen muss?« Das beschreibt meine Gefühle sehr genau.

In der Rehaeinrichtung ist die Befreiung anfangs akzeptiert worden. Vor einigen Wochen wurde mir dann mitgeteilt, dass dies nicht mehr möglich sei. Eine Befreiung aus psychischen Gründen könne nur von den Ärzten der Reha ausgestellt werden und außerdem sei ich eine Gefahr für die Gesundheit der anderen Patienten und Patientinnen, wenn ich keine Maske trüge. Das hat mich sehr wütend und traurig gemacht. Einerseits soll ich in der Reha lernen, meine Ängste zu überwinden und aus meiner Anpassungsstörung herauszukommen. Andererseits gibt man mir zu verstehen, dass meine Befreiung nicht anerkannt wird und meine Rechte und Ängste nicht interessieren.

Ich habe mich erst einmal zwei Wochen krankschreiben lassen, um mir darüber klar zu werden, wie es für mich weitergeht. Jetzt steht mein Entschluss fest, dass ich mit der Reha aufhören werde, da sie mir mittlerweile mehr schadet, als nutzt. Insgesamt hat das alles meine Überzeugung bestätigt, dass es bei den herrschenden Maßnahmen nicht um Gesundheit, sondern um Gehorsam geht.

Mit freundlichen Grüßen
N. H.

Betrifft: Bericht meiner Großeltern

Hallo, all ihr lieben Menschen,

als Erstes ein Riesen-Dankeschön für die vielen Berichte.

Eure Arbeit ist unverzichtbar geworden.

Ich möchte euch zwei Geschichten meiner Großeltern erzählen.

Vor ein paar Wochen bekam mein Opa starke Knieschmerzen, sodass er nicht mehr aufstehen konnte. Mein Opa ist 83 Jahre und hat diverse Vorerkrankungen.

Um 8 Uhr morgens rief meine Oma den Notarzt. Da musste man Sie erstmal über Corona informieren (weil hat man bis gestern ja noch nichts von gehört), was am Ende 45 Minuten gedauert hat.

Zwei Stunden später kam der Arzt. Der sagte, er könne nichts machen, mein Opa müsse sofort ins Krankenhaus. Alleine konnte er ihn natürlich nicht transportieren, also warteten wir nochmal zwei Stunden, bis ein Krankentransport kam.

Im Krankenhaus angekommen wurde er auf den Flur verfrachtet, man müsse als allererstes einen Corona-Test machen.

Weitere vier Stunden später kam das erste Mal ein Arzt und fragte ihn, warum er denn hier sei. Es hat also geschlagene neun Stunden gedauert, bis überhaupt mal gefragt wurde, was ihm denn fehle. Um 0.30 Uhr wurde er auf ein Zimmer gebracht. Er hatte bis dahin weder Schmerzmittel, Essen noch einen zwingend erforderlichen Rollstuhl bekommen.

Meine Oma musste am nächsten Tag einen Rollator von zuhause mitbringen, da im Krankenhaus keine zur Verfügung standen.

Mein Opa hat eine Schwester, die ist 85 Jahre und lebt in einem Pflegeheim. Sie kann vieles nicht mehr selber tun und ist zusätzlich noch dement. Den Lockdown konnte man ihr einfach nicht erklären. Dass man Sie aber monatelang wegsperrte, verstand sie sehr wohl. Seit Ende März denkt diese Frau nun, Sie wäre wieder im Krieg und verkriecht sich oft unter ihrem Bett, zittert und weint andauernd.

Meine Großeltern sagten mir, sie hätten sich in ihrem Leben noch nie so entmündigt gefühlt wie heute.

Ich kann ihnen nicht helfen, sie nicht vor diesem Wahnsinn beschützen und diese Hilflosigkeit macht mich psychisch krank.

Ich danke allen Menschen, die selber denken, Dinge hinterfragen und nicht alles glauben, was diese kapitalistische Welt uns vorgaukeln will!

Nochmal vielen Dank für eure tollen Beiträge.

Es ist zum Verzweifeln, doch ich denke stets daran, dass, wenn wir aufgeben, diese Psychopathen gewinnen und das dürfen wir auf keinen Fall zulassen![5] Niemals!

With all my love
Sarah

Betrifft: Die im Dunkeln sieht man nicht – Unmenschlichkeiten & Angstzustände

Sehr geehrtes Team der NachDenkSeiten, sehr geehrte Leser,

es ist vollkommen richtig: Wenn jeder Einzelfall der Folgen der Corona-Maßnahmen in den Medien so veröffentlicht und hochgepuscht würde wie die Zahlen der Infektionen, der Corona-Toten und der Menschen mit Langzeitschäden, hätte die Pandemie ein schnelles Ende!

Wenn ich mir andere Berichte anschaue, kann ich mit Dank sagen, dass ich (und meine Umgebung) bisher sowohl von Corona als auch von den Folgen der Corona-Politik weitestgehend verschont wurden. Je länger die ganze Krise jedoch dauert, desto mehr kristallisieren sich langsam doch die dramatischen Folgen heraus. Am Ende wird es darauf hinauslaufen, dass zwar nicht jeder eine Person kennt, die so stark an Corona erkrankt war, dass sie ins Krankenhaus musste, aber jeder kennt mehrere Personen, die schwer von der Corona-Politik betroffen sind.

Ich möchte euch nun fünf wesentliche Aspekte aus meinem Leben nennen:

---

5   Redaktionelle Anmerkung: Die Auffassung, die Bundesregierung bestehe aus Psychopathen, teilen wir nicht.

1. Sowohl ich als auch eine Freundin können keine Praktika bekommen, da man fast überall aufgrund irgendwelcher Corona-Begründungen abgelehnt wird – zuvor hatte ich nie Probleme, ein Praktikum zu bekommen (falls Leute meinen, es liege an meinen schlechten Bewerbungen). Die Berufsfindung wird jungen Leuten aktuell massiv erschwert!

2. Eine Bekannte von unserer Familie hatte eine schwerkranke Verwandte auf der Intensivstation liegen. Man beschloss, sie ins Hospiz zu verlegen. Jedoch wurde ihr gesagt, dass sie ihre Verwandte im Hospiz nicht besuchen dürfe. Meine Bekannte war schockiert und betete dafür, dass ihre Verwandte vor der Einlieferung ins Hospiz sterben darf und nicht in Einsamkeit ausharren müsse. Gott sei Dank – sie starb schon in der ersten Nacht im Hospiz.

3. Meine Schwester war seit Beginn der Corona-Krise für nicht weniger als vier Monate von ihrem Freund getrennt, der in einem anderen Land außerhalb der EU lebt. Mittlerweile kann sie ihn nur unter strengen Quarantäneregeln nach der Rückreise besuchen, nachdem im August endlich eine Sonderregelung für unverheiratete Partner erlassen wurde. Eine fünftägige bis zweiwöchige Quarantäne kann man sich jedoch auch nicht zu jeder Zeit leisten.

4. Ich habe eine Freundin, die schon seit einem halben Jahr keine Kontakte mehr pflegt – nur an der frischen Luft auf Abstand.

5. Eine andere sehr gute Freundin hat in der Corona-Krise so starke Zwangsstörungen der Kontamination entwickelt, dass sie in die Psychiatrie eingewiesen wurde (eine 19-Jährige!). Aufgrund der Corona-Politik werden schon unsere Jüngsten psychisch krank und werden große Probleme in der Bewältigung ihres Lebens und ihrer Aufgaben haben.

Ich frage mich, wie meine Freundin jemals wieder ganz gesund werden soll, wenn in der Klinik selbst die »Therapeuten« alle mit Masken herumlaufen, auf Abstand setzten, ständig Hände waschen und desinfizieren.

Ich frage mich, ob ich meine beiden Freundinnen je wieder in den Arm schließen kann?! Ich frage mich, ob wir, selbst wenn die Coronakrise »vorbei« ist und ein Impfstoff existiert, dann trotzdem wieder ein soziales Zusammenleben wie vor Corona haben werden oder ob die Angst eines unbekannten »Killervirus« schon zu tief in die Herzen der Menschen eingegraben wurde.

Und wenn all die Berichte, die im Zuge dieses Projekts zusammengetragen werden, immer noch nicht ausreichen, um Sie ins Nachdenken zu bringen, dann schauen Sie über Ihren eigenen Tellerrand hinaus in die Armutsländer, in denen aufgrund der Corona-Politik Millionen von Menschen sterben an durch Arbeitslosigkeit ausgelösten Hunger, an fehlender Malariabehandlung und an fehlender Tuberkulosevorsorge!

Mit freundlichen Grüßen
M. F.

Betrifft: Bericht über meine Mutter

Sehr geehrtes Team der NachDenkSeiten,

ich habe ein sehr trauriges Thema beizusteuern. Meiner Mutter ist während des ersten Lockdowns ins Krankenhaus gekommen, wurde dann künstlich im Krankenhaus gehalten (um möglicherweise die Corona-Ausfälle zu kompensieren) und ist schließlich in einem völlig desolaten Zustand bei uns vor die »Tür geschmissen worden« und eine Woche später verstorben. Schlimm waren vor allem die Isolationsbedingungen, zumal man als Angehöriger nicht korrektiv in den Therapieverlauf eingreifen konnte.

Zur Erklärung: Meine Mutter kam Ende Februar mit Atemnot ins Krankenhaus. Dabei wurde eine Herzbeutelentzündung und möglicherweise etwas Tumorartiges festgestellt. Allerdings wurde nach eindringlicher Beratung kein operativer Eingriff vorgenommen. Sie sollte sich nur bei Bedarf das Wasser punktieren lassen, da man ihren trotzdem guten Allgemeinzustand nicht gefährden wolle. Dies sollte bei einem Belegarzt eines Krankenhauses vor Ort geschehen.

Ende März 2020 hatte meine Mutter wieder etwas Probleme mit dem Wasser und ohnehin einen Nachsorgetermin beim besagten Belegarzt. Entgegen seiner vorherigen Ankündigung, das Wasser ambulant abzuziehen, wurde sie stationär eingewiesen. Die Begründung war, dass man aufgrund des Corona-Lockdowns möglichst wenig Publikumsverkehr im Krankenhaus haben wolle.

Allerdings entwickelte sich das Folgende für meine Mutter zu einer wahren Tortur. Das Wasser wurde nicht via Punktierung abgezogen, sondern sollte mit Medikamenten ausgespült werden. Letztendlich zog sich das fast über drei Wochen hin und schwächte sie merklich. Am Schluss musste dennoch punktiert werden; offenbar war die Therapie mit den Medikamenten gescheitert.

Daneben wurde sie mit der Ankündigung weiterer Maßnahmen, wie dem Legen eines Herzschrittmachers und einer Drainage, weiter im Krankenhaus gehalten. Das Perfide an der Sache ist, dass diese Eingriffe dann doch nicht durchgeführt wurden, so dass man fast den Eindruck gewinnen kann, sie sollte künstlich lange im Krankenhaus gehalten werden. Da aufgrund des Lockdowns viele Betten für Corona freigehalten, aber in der Region kaum Fälle stationär behandelt wurden, kann zumindest die Wahrnehmung entstehen, dass hier fehlende Auslastungskapazitäten ausgeglichen werden sollten.

Wie dem auch sei, bekamen wir sie als physisches und psychisches Wrack ohne ein adäquates Entlassungsmanagement im wahrsten Sinne des Wortes vor 'die Tür gelegt.

Sie war dehydriert, in einem körperlich, aber vor allem seelisch desolaten Zustand. Sie wirkte traumatisiert und bekam regelrechte Angstzustände, bei der wir sie nur schwer beruhigen konnten. Sie ist dann auch eine Woche später verstorben.

Vergleichbar lief die auch bei einer älteren Frau aus unserem Familienumfeld ab. Sie musste mehrere schwere Tumor-Operationen über sich ergehen lassen, ohne dabei von ihren Angehörigen emotional unterstützt werden zu können. Diese seelisch stark belastete Frau musste aber zudem auch die Entscheidung, ob diese Eingriffe sinnvoll für sie sind und inwieweit es nicht auch Alternativen gab, mehr oder weniger alleine treffen. In einer solchen Situation ist man damit aber überfordert.

Zudem war sie zumindest nach der ersten OP nach dem Aufwachen alleine. Hierbei ist aber allgemein bekannt, dass Menschen nach einer Narkose sofort bekannte Gesichter sehen sollen, damit sich keine Desorientierung (das sogenannte Durchgangssyndrom) einschleicht.

Im Endeffekt erwies sich die Belastung aus Operationen, strapaziösen Untersuchungen, fehlender Unterstützung und chaotischen Verhältnissen in den Krankenhäusern als zu hoch, so dass auch sie verstarb.

Bei einer anderen Verwandten konnte ich von Mitte März bis Mitte Mai nicht zu Besuch im Altenheim, in dem sie lebte. Da sie etwas verwirrt war, ging es auch nicht mit ihr zu telefonieren. Obwohl das Pflegepersonal und zum Teil auch die

Leitung des Heims sehr kulant, aber auch umsichtig bzw. gewissenhaft waren, war das Leben der Menschen dort sehr eingeschränkt. So mussten sie zu Anfang alleine auf dem Zimmer essen etc. Viele von ihnen konnten und können auch die Gründe für diese Maßnahmen nicht nachvollziehen. Hierbei sei angemerkt, dass diese Generation noch viele schlimme Erfahrungen aus der Kriegszeit in sich trägt, die bei solchen Situationen unbewusst wieder in Erinnerung kommen (wenn auch sehr diffus).

Mittlerweile ist sie auch verstorben. Nach dem zweiten Lockdown und positiven Tests im Altenheim wurde es wieder für Besucher geschlossen. So konnte ich nicht mehr zu ihr. Vorher habe ich sie immer samstags besucht und sie hat sich immer darauf gefreut. Jetzt ist sie sinnigerweise auch samstags verstorben (allerdings friedlich eingeschlafen).

Wir in unserer Familie sind alle fassungslos, wie unter dem Deckmantel des Schutzes der Risikogruppen Alte und Kranke quasi eingesperrt werden und neben ihrer medizinischen noch eine große emotionale Belastung aushalten müssen. Das konnte bei einer solchen rigiden Besuchersperre weder von den Angehörigen noch von dem Pflegepersonal, das wegen des erwarteten Corona-Ansturms erstmal nach Hause geschickt wurde (um dann wieder zur Verfügung zu stehen), aufgefangen werden. Letztendlich entsteht hier eine gefährliche Mixtur aus falscher- oder Übertherapie, dem fehlenden Korrektiv durch die Angehörigen und einer permanenten emotionalen Überforderung des minimierten Pflegepersonals, des Patienten sowie der Angehörigen. Dies kann neben den medizinischen Folgen nicht selten zu Depressionen, Angstzuständen und Schuldgefühlen führen.

Es gibt Mittel und Wege, Menschen in solchen Situationen Besuch zu ermöglichen, ohne sie zu gefährden.

Dazu sind zum einen Geld für mehr Pflegepersonal sowie entsprechende Infrastruktur bzw. Materialien und zum anderen Konzepte zur Umsetzung nötig. Bei beidem ist aus meiner Sicht bis heute nichts passiert – nach fast neun Monaten …

Viele Grüße

T. K.

Betrifft: Doku – die im Dunkeln sieht man nicht

Sehr geehrte Damen und Herren, liebe Freunde,

ich möchte hier gerne noch meinen Bericht aus den Zeiten des ersten Lockdowns abgeben:

- Schwierige Belastungssituation zuhause mit zwei schulpflichtigen Kindern

- Probleme der eigenen Schüler bis hin zu Selbstmordgedanken

Ich bin von Beruf Lehrer für Deutsch als Fremdsprache und musste dann nach dem 13. März den Präsenzunterricht abbrechen. Ich hatte einen laufenden Kurs, der dann jeden Tag an Handy und Computer als Videoschulung fortgesetzt wurde, in Kleingruppe von drei bis vier Leuten. Gleichzeitig waren meine zwei Söhne, 8. und 9. Klasse zuhause und sollten ebenfalls online unterrichtet werden. Zuerst waren diese sogar enthusiastisch, da es aber in den ersten Tagen massive Probleme von Seiten der Schulserver gab, aber so frustriert, dass sie für die nächsten drei Monate nichts mehr machen wollten. Am Anfang versuchte ich sie zu motivieren und mit ihnen zu lernen. Das hätte mich jeden Tag mindestens vier Stunden gekostet, dazu mein eigener Unterricht, der ebenfalls drei bis vier Stunden erforderte, aber nur Geld für einen halben Kurs einbrachte. Während ich vor dem Lockdown ganz gut verdiente, musste ich auf mehr als die Hälfte meines Einkommens verzichten und zudem wurden neue Kurse ganz abgesagt, da ich als Honorarkraft tätig bin. Summa summarum habe ich ca. 4 000 Euro dadurch verloren, was für mich schon ein erhebliches Einkommen darstellt, auch wenn es sicherlich anderen noch schlechter ging. Gravierender waren jedoch die Folgen für meine Kinder, die zum Teil jegliche Lebensfreude verloren, kaum soziale Kontakte hatten und den Schulstoff als völlig unsinnig empfanden, vor allem die plumpe Weise des Unterrichts. Ich sah mich nicht in der Lage, dies alles aufzufangen, zumindest vermittelte ich ihnen von Anfang an, dass sie vor Corona-19 keine Angst haben mussten, nachdem ich gründlich recherchiert hatte.

Schlimmer erging es jedoch meinen Schülern, jungen Ausländern, die hier in Deutschland studieren möchten und dafür ein Stipendium haben. Einige nahmen immer seltener am Unterricht teil und trotz vieler E-Mails und Telefonate waren sie nicht mehr zu motivieren, je länger die Lage anhielt. 3 von 15 Schülern wurden sogar so depressiv, dass sie wochenlang nur noch im Bett lagen und nichts mehr taten, weil sie von Angst gelähmt waren. Oftmals waren sie auch alleinlebend und hatten gar keinen Kontakt mehr, waren immer isolierter, während sie vorher die eigene Klasse als Halt hatten. Damit konnten sie das gesetzte Kursziel natürlich nicht erreichen und ihre Pläne für das weitere Vorgehen (z. B. der Besuch eines Studienkollegs, die Aufnahme eines Studiums) wurden zumindest verzögert, wenn nicht ganz abgebrochen. Bis heute ist für viele unserer Schüler ein erneuter Abbruch des Präsenzunterrichts ein Alptraum, den sie nicht wieder erlauben möchten, obwohl wir uns als Lehrer sehr bemüht haben, den Unterricht interessant zu gestalten. Doch die körperliche Präsenz des Lehrers, die sozialen Kontakte mit den anderen lassen sich durch nichts ersetzen. Lernen ist auch immer ein sozialer Prozess, wird dieser abgebrochen, sind die Konsequenzen langfristig noch gar nicht abzusehen.

Vielleicht möchte Sie das ja in ihre hervorragende Doku mit aufnehmen?

Mit freundlichen Grüßen
Dr. C. W.

Betrifft: Die im Dunkeln sieht man nicht, Tangotänzerin

Dauernd werde ich von meinem Umfeld als Egoistin eingestuft, weil ich das Tanzen so sehr vermisse.

Seit vor dreieinhalb Jahren mein Mann verstarb, war das Tanzen für mich das Antidepressivum, das mir seelische Stabilität gegeben hat, u. a. auch das Tangotanzen. Ich hatte es geschafft, mir über das regelmäßige Tanzen einen großen Bekanntenkreis aufzubauen und so wieder Freude am Leben zu finden. Gerade als ich die Hoffnung hatte, dass sich zu einzelnen Menschen Freundschaften aufbauten, kam der Shutdown. Damit sind mir fast alle sozialen Kontakte weggebrochen. Zwei Freundinnen wohnen weiter entfernt, Besuche sind daher selten möglich. Ein familiärer Kontakt ist noch vorhanden, der mir jedoch alle Kraft, die ich habe, raubt. Es gibt keinen Ausgleich, der mir Kraft gibt weiterzumachen.

Die Trainerin eines Tanzclubs hat eigenmächtig entschieden, dass viele Clubmitglieder zur Risikogruppe gehören und daher das Training nicht stattfindet. Wir zählen allerdings nur die Hälfte der Höchstzahl an Personen, die sich im Raum aufhalten darf. Wir Mitglieder wurden nicht nach unserer Meinung gefragt.

Über Monate hinweg habe ich nicht geschlafen. Bis ein Bekannter mich zu einem Salsa-Kurs mitgenommen hat. Ein paar Wochen lang sah ich regelmäßig andere Menschen – und konnte wieder schlafen. Der Salsa-Kurs darf jetzt nicht mehr stattfinden, die Schlafstörungen nehmen wieder zu, es sind Herzrhythmusstörungen hinzugekommen und ein Druckgefühl im Brustkorb.

Wie ich die nächsten Monate überstehen soll, weiß ich nicht.

Freundliche Grüße
I. St.

Betrifft: Folgen

Hallo, mein Name ist Susanna M. Farkas und ich bin selbstständige Sängerin und Autorin.

Ich singe hauptsächlich in Senioreneinrichtungen. Oft auch für sehr wenig Geld, weil viele Einrichtungen kein Geld für kulturelle Veranstaltungen freigeben.

Durch Corona bzw. die Maßnahmen verlor ich schlagartig mein Fundament, meinen Beruf, für den ich sehr viel gegeben habe.

Leider weiß keiner, wann wieder gesungen werden darf und somit weiß ich auch nicht, wenn ich wieder meinem Beruf nachgehen kann.

Ob ich leide? Sicher. Nicht nur finanziell, sondern auch seelisch. Meine Tätigkeit war und ist mein Lebensinhalt und wenn dieser fehlt, fehlt eigentlich alles.

Herzliche Grüße sendet
Susanna M. Farkas

Betrifft: Die im Dunkeln sieht man nicht. Eine Dokumentation über Folgen der Corona-Politik

Sehr geehrte Damen und Herren,

angeregt durch Ihre aktuelle Dokumentation und die darin enthaltenen Hinweise auf eine zunehmende/wiederkehrende »Blockwartmentalität« kam mir heute Morgen folgende fiktive »Stellenausschreibung« einer x-beliebigen bundesdeutschen Behörde in den Sinn und über meine Finger direkt in die Tastatur:

Deutschland sucht den **BLOCKWATCH 2020/21**

Ganzjährig: Grün- und Braunglasdifferenzierer mit Spezialgebiet Uhrzeiterkennung und Kenntnis der bundesweit unterschiedlichen Sonn- und Feiertagsregelungen

Saisonbedingt: Bio-, Normal- und Papiertonnendifferenzierer mit Grundkenntnissen in Biologie/Stoffkunde sowie Raummaßen (Kubikmillimeter und -Zentimeter)

… und wie immer m/w/d.

Sollten Sie eine zweite Auflage Ihrer Dokumentation ins Auge fassen, so können Sie meine »Stellenausschreibung« gerne zum »Nachdenken« mit einfließen lassen.

Mit freundlichem Gruß
Cordiali Saluti
Salutations distinguées
Best regards
Uwe Di Maio

Betrifft: Beitrag Die im Dunkeln sieht man nicht

Werte Redaktion,

a) Kultur

Ich bin Schauspielerin und Autorin, seit 50 Jahren im Beruf.
Seit vielen Jahren schon setze ich mich für die Enttabuisierung der Armut v. a. bei freien Kulturschaffenden ein, die
schon vor der »Krise« weit verbreitet war und nun explodiert.
Ich selbst musste zwar auch die für 2020 geplante Fortsetzung meiner Lesereise auf unbestimmte Zeit verschieben, bin
aber zum Glück durch die »Maßnahmen« nicht existenziell
betroffen. Als »Armutsexpertin« der Branche erhalte ich jedoch viele Berichte v. a. von freien SchauspielerInnen, die
während des globalen Hausarrests gar nicht arbeiten durften
und nun allenfalls zu unzumutbaren Bedingungen. Dreharbeiten praktisch in Quarantäne (oft schon vor Drehbeginn,
unbezahlt) und/oder mit erheblichen privaten Kontaktbeschränkungen außerhalb der Arbeit, »Alte« und andere »Risikogruppen« werden aus den Drehbüchern rausgeschrieben,
ständige Testungen, auch schon vor Castings. Nicht nur im
Zuschauerraum, sondern auch auf der Bühne abstruse Abstands- und Hygieneregeln, die jede Art von körperlicher Zusammenarbeit eigentlich unmöglich macht. In München sind
für Zuschauersäle, in die 2 600 Menschen reinpassen, nur
noch 50 ZuschauerInnen zugelassen. Deshalb werden oft
zwei oder drei Vorstellungen hintereinander gespielt ... fürs
gleiche Geld.

Die »Soforthilfe« für entgangene Einnahmen seit März 2020
kam für die meisten nicht infrage, da das Geld nur für Betriebsausgaben beantragt werden durfte, Schauspielende jedoch kaum Betriebsausgaben haben. Blieben (in Bayern) für

die letzten sieben Monate lediglich drei Mal 1 000 Euro Corona-Künstlerhilfe. Profis der Schauspielzunft können oft nicht Mitglied der Künstlersozialkasse (KSK) werden. Anspruch auf »Arbeitslosengeld« kann kaum jemand erwerben. Rücklagen dienen meist der Altersvorsorge oder der Aufstockung unzulänglicher Renten. Bleibt vielen nur noch »Hartz IV« alias ALG II/Grundsicherung, jetzt für ebendiese Gruppe umbenannt in »Sozialpaket«.

Der nur angeblich vereinfachte Antrag umfasst mit Anlagen nach wie vor oft über 50 Seiten. Die Hungerstrafen mit dem euphemistischen Namen »Sanktion« werden nach wie vor vollstreckt. Ich hatte einige weinende KollegInnen am Telefon, denen schon angesichts dieses Nachweisterrors klar wurde, dass sie in der Schreckenskammer der Gesellschaft gelandet sind und dass Hartz IV auch für die neuen »Edelharzer« eher »Heart's Fear« bedeutet.[6] Schon vor »Corona« haben Schauspielende bei schlechter Auftragslage oder in berufstypischen Lücken oft Nebentätigkeiten ausgeführt: Kellnern, in der Sauna helfen, Bettenmachen im Hotel; doch auch diese Jobs fallen weg. Und wenn ein Profi-Geiger vier Wochen auf dem Bau arbeitet, sind seine Hände kaputt.

Gäbe es die alte »Arbeitslosenhilfe« noch, die mit Einführung von »Hartz IV« abgeschafft wurde, wäre das Desaster nicht halb so groß: Leistung, Schonvermögen und Hinzuverdienstmöglichkeiten waren höher, die bürokratischen Hürden weitaus geringer, und es wurden Rentenbeiträge gezahlt. So konnten Lebens- und Berufskrisen einigermaßen überbrückt werden und Altersarmut wurde nicht gleich mit programmiert.

---

6 Redaktionelle Anmerkung: Bezieht sich auf das YouTube-Video »Heart's Fear« im Bundestag bei der VA »Mehr als 15 Jahre Kampf gegen Hartz IV«; https://www.youtube.com/watch?v=wX2lqMVv6wQ

Die Bretter, die die Welt bedeuteten und nun nur noch Armut bedeuten.

Kleine Bühnen bei »Ensuite«-Produktionen: Was da früher »normal« war, war ja z. T. schon arbeitsrechtlich wüst; hat aber nie jemanden interessiert. Vier Frauen in einer Vier-Quadratmeter-Garderobe ohne Fenster, an so mancher Kleinbühne schlecht beheizt, man spielte mit Erkältung, mit Fieber, steckte sich gegenseitig an, sechs Tage die Woche, ein Tag frei, Ausfall konnte sich niemand leisten, wollte niemand verantworten, umbesetzt wurde nur, wenn jemand in die Klinik musste oder starb; eine Kollegin stand zwei Tage nach dem Tod ihres Mannes und Bühnenpartners wieder auf der Bühne – mit einem anderen Partner. The show must go on. Das war schrecklich, aber es war auch grandios, denn es zeigte: Egal, was passiert, das Leben geht weiter, ob ich nun Liebeskummer habe oder Brechdurchfall (auch das wurde schon mal zwischen zwei Auftritten erledigt) oder Husten (kann man wegatmen) ... egal, das Leben geht weiter. Das hat auch Kraft gegeben. Dass die Show nun unterbrochen wurde, ist einmalig im Weltgeschehen und ein grausiges Symbol.

Theaterbesuch: Auch als Besucherin muss ich jetzt passen. Neulich war ich in einem kleinen Theater. Volkstümliches Theater, lokal wichtig und beliebt, mit Bewirtung. Die Premiere war »aus den bekannten Gründen« von März auf Oktober verschoben worden. In einem sehr großen Saal statt rund 100 Menschen an langen Tischen nun 50 Personen an kleinen Familien- und Zweier-Tischchen. Trotz extremer Lüftungsvorschriften (bis Vorstellungsbeginn, winterkalt) war die Heizung so aufgedreht, dass niemand frieren musste, und es lagen (extra neu gekauft) Wolldecken auf allen Stühlen. Soweit ok. Aber am gleichen Tag war für Kinos und Theater

»Maskenpflicht auch am Platz« verfügt worden. (Im Restaurant darf man »oben ohne« sitzen, im Theater bei ebenso großen Abständen nicht. Wieso?) 50 maskierte ZuschauerInnen also, z. T. mit Dingern auf der Nase, die wie Gasmasken aussahen. Ein gespenstischer Anblick. Die Maskierten versuchten, ihre Piccolöchen sich buchstäblich hinter die Binde zu kippen, ohne den Maulkorb abzusetzen. Man hörte nur undeutlich murmeln: »Blöd, blöder, Söder.« Oben auf der Bühne spielten tolle Profis sich die Seele aus dem Leib für ein bissl gute Stimmung. Aber »Lachen unter Maske«? Geht einfach nicht. Eine halbe Stunde vor dem Ende der Vorstellung musste ich raus. Mir war körperlich übel von dieser Qual.

Das Gesicht ist eine intime Zone. Wer würde jemandem einfach so ins Gesicht fassen? Wir sollen uns selbst nicht mehr ins Gesicht fassen – aber der Staat darf uns die Hand auf den Mund legen. Me too!

Schauspielerträume: Wer länger als ein Jahr auf Bühnen gestanden hat, kennt diese Träume: Man muss zum Auftritt, weiß aber nicht, welches Stück gespielt wird; oder hat den Text vergessen, und wenn man das Textbuch findet, ist es unleserlich. Als meine Tochter klein war, träumte ich, auf dem Weg zum Theater fällt mir ein, ich kann ja gar nicht auf die Bühne, ich habe ja ein Kind. Später vergaß ich im Traum den Text, verließ mich aber auf meine Improvisationsgabe. Und neulich träumte ich: Ich ging zum Theater … und da stand keines mehr. Das Theater war einfach weg.

Entscheidungen und Arbeitsbedingungen: Mein 50. Bühnenjubiläum plus Lockdown habe ich zum Anlass genommen, meine Tätigkeit für Bühne und TV endgültig einzustellen. Unter solch monströsen Bedingungen will ich nicht arbeiten – und muss das zum Glück auch nicht. Schon lange arbeite ich vorrangig für Synchron, aber auch da ist es nicht

mehr spaßig: Früher saßen in einem Raum Regie und Tonmeister, im Studio waren Cutterin und bis zu zehn Spreche-
rInnen. Jetzt: Sprecherraum z. T. nur noch mit einer einzigen
Sitzgelegenheit – andere Wartende müssen stehen; Regie im
Extraraum, Tonmeister extra, Cutter im Studio, getrennt
durch Plexiglas, nur eine Person vorm Mikro ... und langjährige Profis müssen sich auch da an Sonderbares gewöhnen:
Die guckt verdutzt oder verstört: Je nach Rolle/Situation/
Emotion war (und wäre) es mal besser zu sitzen, zu stehen,
sich anzulehnen oder aufzustützen ... aber leider: nix mehr
da, kein Tisch, kein Textbuch, kein Stuhl alles digital, distanziert, desinfiziert, eiskalt gelüftet (toll für die Stimme), und
selbst Massenszenen müssen mit jeweils einer Person einzeln
aufgenommen werden; das ist organisatorisch ein Wahnsinn
und künstlerisch einfach nur Scheiße.

b) Der Bekanntenkreis

- Die alte Mutter einer Freundin stirbt (weder »an« noch
  »mit« Corona) ... bis kurz vor dem Ende allein im Krankenhaus. Besuche waren lange nicht erlaubt.

- Eine ferne Nachbarin ist schwanger, fürchtet sich schon im
  fünften Monat vor »Gebären mit Maske«. Ich frage beim
  Landratsamt nach. Es stimmt. Nur während der Presswe-
  hen darf die Maske abgenommen werden, »wenn sie nicht
  mehr ertragen wird«. Ich habe ein Kind bekommen und
  auch 40 Jahre danach ist klar: Das ist Folter.

- Junge Familie mit vierjährigem Kind und kleinem Hund
  als »Kontaktpersonen« in Quarantäne in einer Ferienwoh-
  nung in den Bergen. Die kluge Mutter verkündet dem Kind
  das Eingesperrtsein mit der frohen Botschaft: »Du darfst
  jetzt vierzehn Tage fernsehen, so viel zu willst!« Hund darf
  ab Benachrichtigung nicht mehr ausgeführt werden und

wird von einer fernen Verwandten mit dem Auto abgeholt. Wäsche darf nicht mehr gewaschen werden (FeWo, Waschmaschine im Haus). Trotz mehrfacher Negativtestung bleibt es bei der 14-tägigen Quarantäne. Weder die positiv getestete Hauptperson noch eine der etwa sieben Kontaktpersonen war krank. Im Herbst kam das Kind in die Kita und bekam sofort Hautprobleme (Handgelenk) wegen des »vorgeschriebenen« häufigen Händewaschens.

- Andere Familie mit vier Kindern, beide selbstständig mit Geschäft im Fitnessbereich. Kinder müssen Maske tragen in der Schule. Auch Sportunterricht mit Maske ... wenn er nicht ganz ausfällt.

- Andere junge Familie, beide Eltern berufstätig, Frau schwanger, zweijähriges Kind, neu und begeistert in der Kita. Freitags kommt Nachricht: Montag keine Kita. (In diesem Fall war »sonstige« Betreuung zum Glück vorhanden.) Landkreis ist Hotspot. Von 219 000 Menschen befindet sich eine Person in der Klinik. Aber Hortkinder müssen ganztägig Masken tragen.

- Ein Nachbar stirbt (weder »an« noch »mit« Corona). Zur Beerdigung können wir nicht.

- Eine Freundin kann nicht zur Hochzeit ihrer Tochter in Brandenburg fahren, weil Brautmutter aus der Schweiz kommt und nicht einreisen darf.

- Eine Schauspielkollegin, noch zu jung für Rente, lebt in einem Ein-Zimmer-Appartement, mit sehr wenig Geld, ohne Verwandtschaft vor Ort, ohne Beziehung; während des Lockdowns konnte sie nur mit einer einzigen Person Kontakt halten, hat den Betreffenden für ihren Partner ausgegeben und hatte einen Nervenzusammenbruch. Psychologische Hilfe gab's nicht, die betreffende Hilfsstelle war geschlossen. Nachdem sie sich etwas erholt hatte in den letzten Monaten, galt plötzlich auch bei ihrem geliebten (vom Mund abgesparten) Ballettunterricht »Maskenpflicht«. Jetzt geht sie auch da nicht mehr hin.

- Tochter einer Freundin hat 2020 Abitur gemacht, nach leidlich guter Schulzeit ohne Sitzenbleiben. Musste zur Nachprüfung, weil (nach Lockdown etc.) sie zwei Punkte zu wenig hatte, und hat nur dank eines tollen Lehrers, der sich gegen die andere Lehrkraft durchgesetzt hat, bestanden. Hatte schon ein Visum für Kanada als Au-pair, dann kam Corona, jetzt macht sie ein duales Studium bei einem großen Lebensmittelmarkt.

- Ein Kollege berichtete, seine Eltern (beide weit über 80) hätten »vorher« noch viele Interessen gehabt, Kegeln, Bridge, Kirchenchor. Seitdem alles dichtgemacht hat, säßen sie nur noch daheim und hätten angefangen zu trinken, deshalb habe er ihnen vorsichtshalber den Führerschein abgenommen, was zu familiären Konflikten geführt habe.

- Eine früher äußerst kontaktfreudige Bekannte (gern auch mal »Malle« und auf Heavy-Metal-Konzerten, immer auf Achse mit vielen Bekannten) hat sich total zurückgezogen, will niemanden mehr treffen außer ihren Töchtern und deren Familien, will sich nicht einmal zu einem Spaziergang an der frischen Luft treffen aus Angst vor Covid.

- Dies ist nur eine kleine Auswahl …

- Als ich im Frühjahr mich gegenüber hochgebildeten, politisch ähnlich positionierten uralten BestfreundInnen kritisch zu den »Maßnahmen« und dem politischen Geschehen äußerte, wurde ich mehrfach ganz brutal als »rechts« verunglimpft. Man muss nur mal im Netz gucken, was ich denke, sage, tu', um zu wissen, dass das absurd ist. Aber einige Freundschaften sind darüber ins Wanken gekommen und auch zu Ende gegangen.

- Ich treffe mich nur noch mit wenigen Menschen. Nicht aus Angst vor Krankheit, sondern aus Angst vor Quarantäne. Ich war einmal in »Isolation« (mutmaßlich falschpositiv getestet) und möchte das nicht nochmal. Wer einmal kapiert hat, wie schnell und wie oft das passieren kann, wird vorsichtig. Für dicke Freundinnen geh' ich gern in den Hausknast, aber nicht für Leute, mit denen ich zwar ganz gern einmal im Jahr Kaffeetrinken gehe, die mir aber nicht wirklich dolle am Herzen liegen. Nur: Eigentlich braucht's halt auch die »Kontakte zweiten und dritten Grades«. Auch sie bereichern sich gegenseitig.

- Mein neuer Arzt (Privatpraxis) erzählt mir, er habe eine »reale Krankenzahlverlaufskurse« im Hauseingang aufgehängt. Daraufhin sei der Arzt von der (Kassen-)Praxis unter ihm raufgestürmt und habe ihn sprechen wollen. Er habe schon Zoff befürchtet, weil der Arzt aus dem 1. Stock immer so übereifrig mit Maßnahmeneinhaltung war. Doch der wollte sich für die Aufklärung aller PatientInnen bedanken!! Aber er werde von Ärztekammer und anderen Behörden so unter Druck gesetzt, dass ihm keine Wahl bliebe. Er könne es sich existenziell nicht leisten, »auszuscheren« oder »aufzuklären«, und sei sehr dankbar, dass der Privatarzt das nun sozusagen für ihn mit übernommen habe.

c) Die Maske

Ich bin schwerbehindert (GdB 50), habe eine Hüft- und eine WS-OP hinter mir und leide an diversen Autoimmunerkrankungen, darunter Morbus Menière.

Von Anfang an hatte ich unüberwindliche Probleme mit der

»Maske«, hatte schon nach kürzester Tragezeit das Gefühl zu ersticken, bekam Herzrasen/Herzrhythmusstörungen, Schwindelanfälle, Übelkeit, Kopfschmerzen und war völlig desorientiert … doch meine (damalige) Hausärztin wollte mir kein Attest ausstellen. Das könnten nur Asthmatiker bekommen. Ich wollte dann auch keine Extrawurst, hoffte, es würde bald enden oder ich könne es irgendwie ertragen lernen.

Die Befreiung: Erst nach der »Befreiung« habe ich begriffen, dass ich weniger Angst vor Angriffen hatte als davor: Zu erkennen, wie schlimm alles ist. Das entlarvt sich nämlich recht deutlich mit dem Ablegen der Larve.

Nach mehreren maskenbedingten Menière-(Schwindel-)Anfällen und einem Treppensturz habe ich dann den Arzt gewechselt. Der hat mir sofort ein Attest ausgestellt. Fazit aus drei Monaten Erfahrung: Das Attest nützt in der Realität nicht viel, obwohl ich es freiwillig immer herzeige, weil ich keine Lust auf Diskussionen habe. Ich hatte noch nie ein Auto und fahre sehr viel »öffentlich« – auch beruflich. Schaffner in der Deutschen Bahn waren bis auf einen alle korrekt und nett. Von fünf Fahrern in örtlichen Bussen gab es drei Mal Probleme, Fahrer wollte mich nicht mitnehmen. Eine »Wächterin« an einer S-Bahn-Station wollte mich des Bahnsteigs verweisen. Ihr Kommentar zum Attest: »Sie sehen aber gar nicht krank aus.« Nachdem ich keine Lust mehr auf »Rügen« von Blockwart-MitfahrerInnen hatte, fahre ich jetzt nur noch mit einem großen Schild um den Hals, da steht drauf: »Schwerbehindert – Maskenbefreit – Attest.« Immerhin, bislang bin ich so von Mitfahrenden nicht mehr behelligt worden.

Ausgeschlossen und gebrandmarkt: Fünf Apotheken in unserer Stadt (40 000 EinwohnerInnen) wollen mich nicht bzw. nicht regulär bedienen. Eine davon macht nach anfänglicher Zusage, mich maskenfrei einzulassen, einen Rückzieher, weil

Kundschaft sich »massiv beschwert« habe. Angeboten wurde »Lieferung ins Haus« oder »Bedienung am Notschalter« bzw. »draußen«. »Wir müssen leider draußen bleiben« / »Kein Zutritt für …«

Auch eine Buchhandlung im Landkreis bedient Maskenbefreite »lieber nur draußen«. dm und Norma nach Rücksprache sehr korrekt, zwei Reformhäuser korrekt nach Attestvorlage, zu den anderen Läden geh' ich nicht mehr rein. Eine Arztpraxis trotz Vorankündigung und Attestvorlage panisch (allerdings holte ich nur ein Rezept ab, das ging schnell). Sprechstundenhilfe wollte das Attest einscannen, das habe ich nicht zugelassen, verstößt gegen Datenschutz. Zahnarztpraxis hat mich nach Voranmeldung im Wartezimmer an ein Katzentischchen gesetzt, ansonsten korrekt. Örtliches Kino lässt niemanden ohne Maske rein, auch nicht mit Attest, beruft sich aufs Hausrecht. Fitness-Studio sagte, ich kann »oben ohne« kommen, soll es aber so machen, dass es niemand merkt. Hä? Gehe nicht mehr hin. Zwei Volkshochschulkurse habe ich freiwillig nicht weitergemacht. Morgen muss ich mir bei der Gemeinde was beglaubigen lassen, hab' aber vorsichtshalber meinen Nacktgesicht-Status angekündigt. Antwort: Ich möge unten klingeln, sie käme dann runter. Bin gespannt. Sie kommt mit Stempel nach draußen oder wie? Und ich gebe ich ihr das Papier und das Geld? Im Regen? Na, meinetwegen.

Maske für Gebärende und für Kinder: Kindesmisshandlung, Folter. Einfach nur grausig. Herzzerreißend der Gedanke an werdende Mütter und der Anblick vermummter Kinder.

In der S-Bahn sitzt eine Familie mit einem etwa zehnjährigen Jungen. Er kniefelt dauert an seiner Maske rum, nimmt sie auch mal kurz ab, um ein Kaugummi in den Mund zu schieben, dann schnell wieder drauf ... Wir steigen an derselben Station aus. Der Bub springt raus, in riesigen Sätzen die Treppen runter. Die Mutter ruft lachend: »He, was hat dich denn gestochen?!« Er dreht sich um – die Maske jetzt in der Hand: »Ich wollte doch nur schnell die Maske loswerden!«

d) Datenschutz

Restaurants, die Registrierlisten statt Einzelblättern auslegen und zu viele Daten abfragen (dürfen nur Name und Telefon ODER Mail), ebenso Kino (wollte Namen, Telefon, Adresse, Mail) ... Arbeitgeber, die Fieber messen (dürfen sie nicht) und Kontaktdaten aufnehmen (bislang nur berufliche, aber auch das dürfen sie nicht), überall vorauseilender Gehorsam, so dass ich x-mal mit dem immer auskunftsbereiten Datenschutzbeauftragten gemailt habe. Jüngster Vorfall: Heizkörper kaputt, Heizungsmonteur kommt »mit Maske«, geht an die Arbeit, drückt mir aber vorher noch ein Formular in die Hand. Darauf Fragen nach Aufenthalt in Risikogebieten, Kontakten zu Covid-Kranken und Quarantänemenschen, einer Reihe von »Symptomen«. Aus dem Formular geht nicht hervor, von wem es kommt oder an wen es geht, doch es besagt: »Wenn eine der drei Fragen mit JA beantwortet wurde, kann unser Mitarbeiter die Tätigkeiten bei Ihnen leider nicht ausführen.« Was passiert eigentlich, wenn jemand in Isolation/ Quarantäne ist, und die Heizung fällt aus? Kommt dann ein Handwerker? Oder bleibt die Bude kalt? Eine entsprechende Anfrage hat das Landratsamt bislang nicht beantwortet.

e) Presse und Medien

Von Mainstream-Presse und -Medien: Die meisten errichten Wort-Scheiterhaufen für alle Andersgesinnten.

Zum Thema Hartz IV war ich jahrelang eine eifrige Leserbriefschreiberin. Seit »Corona« hätte ich täglich etwa fünf Briefe schreiben müssen, nur zu diesem Thema und nur an meine langjährige Lieblingszeitung.

Dann hab' ich die Schreiberei – mit Ankündigung und Begründung – ganz gelassen. Inzwischen schreibe ich wieder, vereinzelt, allerdings nur auf die schlimmsten Artikel (oder auf ausnahmsweise gute und korrekte), weil ich's nicht ertrage, zu diesen Hetztiraden und Zahlen-Hütchenspielen und Kaisers-neue-Kleider-Märchen zu schweigen, und weil die wenigen mutigen Federn und Edelfedern ermutigt werden müssen.

Viele Grüße, bitte macht weiter!

Bettina Kenter-Götte

»What is being built is the architecture of oppression.«
(Edward Snowden, Mai 2020)
https://www.youtube.com/watch?v=9w6ZEI0EEqE

Betrifft: Die im Dunkeln sieht man nicht

Was tut eine Mutter, deren Söhne, 13 und 11 Jahre alt, von ihrer Schule in häusliche Quarantäne geschickt werden?

Dazu haben die Eltern ein Schreiben erhalten, in dem sie darauf hingewiesen werden, dass bei einem Verstoß gegen die Quarantänepflicht eine zweijährige Gefängnisstrafe droht.

Ihre Söhne haben das gelesen.

Sie haben auch gelesen, dass sie zu Hause dreilagige Masken tragen und Abstand zueinander halten müssen.

Gebietet nicht die Menschlichkeit zivilen Ungehorsam?

Was, wenn die Kinder irgendjemandem gegenüber erwähnten, sie hätten zu Hause keine Masken getragen?

Was, wenn sie einander trotzdem umarmt hätten?

Ist die Angst der Kinder durch das amtliche Schreiben derart, dass sie schweigen?

Oder sollten Eltern ihre Kinder in einem solchen Fall mit einem Schweigegebot belegen, um im familiären Umgang noch Freiheitsrechte zu haben?

G. A.

Betrifft: Folgen der Anti-Corona-Maßnahme

Sehr geehrte Redaktion der NachDenkSeiten,

vorab die Bitte, meinen Namen nicht in der Dokumentation zu nennen, da ich eine Verschärfung von Maßnahmen und sogar weitere Sanktionen befürchte.

Als die »Maskenpflicht« Ende April in Hessen eingeführt wurde, habe ich es genau eine Woche mit einem dünnen Halstuch ausgehalten und musste, sogar von der Arbeit aus, bei meinem Hausarzt anrufen und um ein Attest bitten, da ich Atemnot und damit verbunden Panik kriege, wenn ich längere Zeit (> 10 Minuten) durch etwas hindurch atmen muss. Seit dem 4. Mai bin ich im Besitz dieses Attestes.

Im selben Monat wurde, aufgrund von Massentestungen in meinem Betrieb (allein 300 Leute in einer von zwei Test-Wellen, durchgeführt durch die Betriebsärztin in einem Schutzanzug, mit dem man eher Malaria oder die Pest diagnostiziert als ein Erkältungsvirus, was die Panikstimmung nochmals deutlich erhöht), eine allgemeine Maskenpflicht eingeführt.

Dank meiner positiven Erfahrungen mit dem Attest (Bahnfahren und Einkaufen sind kein Problem, wenn man es vorzeigt, bis auf wenige Ausnahmen, die ich später noch berichten werde) und der expliziten Befreiung in der Landesverordnung des Landes Hessen, die übrigens nur von einer Glaubhaftmachung gesundheitlicher Schwierigkeiten während des Maskentragens spricht und nicht, dass man sich mit einem Attest quasi ausweisen muss (!), war ich guter Dinge, dass mein Attest auch auf meiner Arbeitsstätte Gültigkeit hat, doch weit gefehlt. Im Mai wurde sogar für vier Wochen eine Art »Corona-Polizei« in Form von Sicherheitskräften direkt nach dem Haupteingang abgestellt, die jeden auf (korrekten) Sitz einer Mund-Nasen-Bedeckung (MNB) überprüften. So wurde auch ich angesprochen, aber aufgrund meines Attestes durchgewunken, bis ich dann in meinem Stockwerk ankam und aktiv von der Arbeitsaufnahme durch die Fachkraft für Arbeitssicherheit gehindert wurde. Er ließ mir die Wahl: Maske auf oder raus. Da für mich das Aufziehen einer Maske nicht in Frage kam (ich hatte noch die Panik von der ersten Woche in den Knochen), meldete ich einen Dienstabbruch aus gesundheitlichen Gründen an und verließ das Gebäude.

Zu Hause angekommen, setzte ich mich telefonisch mit der Personalstelle in Verbindung, die mich zwei Tage später, an meinem dienstfreien Tag, zur Betriebsärztin (BÄ) schickte. So nebenbei wurde erwähnt, dass mir für diesen Tag Überstunden abgezogen wurden, weil ich es angeblich hätte besser wissen müssen. Im Rahmen meiner Betriebsratstätigkeit wurde mir tatsächlich ein sehr komplexes Diagramm vorgelegt, was in welchem Falle zu tun war, das aber weder von irgendwem erklärt noch mir deutlich gemacht wurde, dass ich aus dem Betrieb geworfen werde, wenn ich mich nicht daran hielte. Eine explizite Befreiung wurde darin nicht erwähnt, was aus meiner Sicht gegen Treu & Glauben verstößt. Wenn man keine Maske tragen könne, dann solle man auf eigene Kosten oder gar unentgeltlich (sic!) zu Hause bleiben, bis man einen Termin bei der BÄ erhält. Hier wird das unternehmerische Risiko ganz klar auf den Mitarbeiter abgewälzt.

Bei der BÄ wurde ich von den Sprechstundenhilfen gefragt, wo meine Maske wäre, was ich mit dem Vorhandensein eines Attestes beantwortete und genau deshalb hier sei. Ich verweilte, da ich etwas zu früh dran war, gut 20 Minuten in dem offenen Wartebereich schräg gegenüber der Rezeption. Als dann die BÄ erschien, herrschte sie mich fragend an, wo meine Maske wäre, was ich mit »habe keine, da Attest« sinngemäß beantwortete. Sie konnte es sich nicht erklären, wie ich ohne Maske überhaupt den Weg mit den öffentlichen Verkehrsmitteln finden konnte, stutzte kurz und holte mir eine OP-Maske, die sie mich aufzuziehen zwang.

In ihrem Büro, in dem wir alleine waren, fanden weder eine Untersuchung statt noch eine Inaugenscheinnahme meines Attestes. Ich wurde nur darauf hingewiesen, dass ein jeder eine Maske tragen müsse, da sonst das Konzept nicht aufgehe, dass jeder den anderen damit schützen solle. Außerdem sei eine Befreiung nur in zwei Gründen möglich: bei einem Lungenkarzinom im Endstadium oder bei einer Operation im Gesicht. Als ich mich erdreistete, kurz zur Maske zu greifen, weil sich eine Atemnot androhte, um sie kurz zu lüften, wurde ich wieder harsch angeherrscht: »Maske auflassen oder raus!« – und das von einer sogenannten Ärztin!

Meine Einwände, dass sich zu dem Zeitpunkt schon herauskristallisierte, dass die Masken keinen Schutz vor Viren bieten, ließ sie nicht gelten.

Wenn ich keine Maske tragen könne, dann sollte ich mich ohne Bezahlung freistellen lassen (sic!) oder mich krankmelden. Als für mich absehbar war, dass dieses »Gespräch«, das mehr einem Monolog von ihrer Seite aus entsprach, zu keinem sinnvollen Nutzen führte, meinte ich, dass es dann wohl keinen Sinn mehr hätte, weiter hier zu verweilen, dem sie zustimmte. Aber sie wollte noch eine Kopie meines Attestes haben, was ich ihr auch aushändigte. Warum, so frage ich mich, will man eine Kopie von etwas haben, was man selbst nicht anerkennt? Welchen Nutzen hat das?

Ich verließ zittrig und aufgewühlt die Arztpraxis, was sowohl dem enormen Stresslevel wie auch dem Zwang, wieder eine Maske tragen zu müssen, geschuldet war.

Hinterher erfuhr ich, dass kurz nach meinem Besuch bei der BÄ bereits von den obersten Stellen in der Personalabteilung eine Abmahnung vorbereitet wurde. So kam dann prompt in der nächsten Woche ein Schreiben, in welchem sie mir Fehlverhalten vorwarfen, zu dem ich innerhalb von sieben Tagen Stellung nehmen dürfte und mit oder ohne diese Stellungnahme weitere arbeitsrechtliche Schritte geprüft würden. Über meine Rechtsschutzversicherung holte ich mir anwaltlichen Beistand, verfasste eine Stellungnahme und schickte sie per Post zurück. Zwischenzeitlich war ich bei meinem Hausarzt und ließ mich krankschreiben, weil ich zu diesem Zeitpunkt nicht in der Lage war zu arbeiten. Laut Anwalt wäre die Stellungnahme so gut gewesen, dass er nicht denkt, dass da noch irgendetwas hinterherkäme. Doch weit gefehlt: Anschließend kam die Abmahnung in den Briefkasten. Dort wurde mir angedroht, dass ich sofort des Hauses verwiesen und gekündigt würde, wenn ich noch einmal ohne MNB die Niederlassung betrete.

Auch eine Gegendarstellung, in welcher ich auf eine Rücknahme der Abmahnung bestand, wurde sinngemäß mit den lapidaren Worten abgeschmettert, dass ich die ganze Situation wohl weltfremd erfahren hätte.

Nach gut fünf Wochen, Urlaub und Krankschreibung waren rum, ebenso die allgemeine Maskenpflicht in der Niederlassung, ging ich wieder normal arbeiten. Dort, wo eine Maskenpflicht angezeigt ist, behelfe ich mir so, indem ich die Maske nur bis unter die Nase trage, was zumeist klaglos akzeptiert wird. Nur in einem Fall nicht, und das war im Rahmen des §74 BetrVG-Gespräch mit dem Leiter der Niederlassung während einer ordentlichen Betriebsratssitzung. Dieser hatte zunächst nichts an der Trageweise meiner Maske auszusetzen, ich hatte mich sogar noch kurz mit ihm unterhalten. Als dann aber das »Corona«-Thema auf den Tisch kam, fing er an, regelrechte Hasstiraden zu äußern.

Zuerst fuhr er mich an, dass es ein Akt von Provokation sei, die Maske nur bis unter die Nase zu tragen. Ich griff zu ihr, schob sie über die Nasenspitze. Von ihm kam ein: »Höher!« Erst als sie ganz übergezogen war, schien er zufrieden. In den nachfolgenden rund 45 Minuten bekam ich heftige Atemprobleme, verfiel in einer Art Angststarre und hatte hinterher heftigen Schwindel, der gut eine Stunde brauchen sollte, bis er wieder wegging.

Laut ihm gebe es erst dann Erlösung von den Maßnahmen, wenn »10 Milliarden Menschen geimpft« würden. Eine Befreiung von der Maskenpflicht sei nur in zwei Fällen möglich, die ähnlich absurd wie die von der BÄ waren. Wer sich im Zuge von »Corona« krankschreiben lasse, sei ja nur ein Trittbrettfahrer, der sich im Schatten der Krise ein paar freie Tage erschleichen wolle. Atteste würden generell nur aus Gefälligkeit ausgestellt, weswegen er mit »allen« ihm »zur Verfügung stehendenden arbeitsrechtlichen Maßnahmen gegen jeden« vorgehe, der »keine Maske trägt«. Diese Haltung stieß beim gesamten Gremium auf verstörten Unmut.

Im öffentlichen Personennahverkehr wurde ich mehrmals von Fahrgästen denunziert, ob am Bahnsteig oder im Verkehrsmittel, weil ich keine Maske trage. In einem Fall lief ein

Fahrgast zu anwesenden Polizisten, die aber kein Problem mit meinem Attest hatten. In einem anderen Fall musste mich der Fahrkartenkontrolleur, der mich gerade abgefertigt hatte und nichts zu meiner fehlenden Maske sagte, nochmal zu mir zurück und sich mein Attest zeigen lassen. Der denunzierende Fahrgast sah mich anschließend den Rest der Fahrt dauerhaft und despektierlich an.

Auch sonst passiert es mir öfter, dass mich ohne offensichtliche Begründung Polizisten anhalten und nach meiner Maske fragen. Nach Zeigen von ebenjenem – inklusive Personalausweis (!) – ist die Sache dann aber wieder OK. Ob das so bleiben wird? Das hängt davon ab, wie sehr die Politik weiter den Panikmodus anheizt und die Sanktionen anziehen wird.

Ob ich die Polizisten darauf hinweisen sollte, dass das Vorzeigen eines Attestes keine zwingende Begründung bei Befreiung der Tragepflicht ist, sondern nur das Glaubhaftmachen gesundheitlicher Gründe? Besser nicht.

Es könnte als »frech« aufgefasst werden, wenn ich Polizisten belehre. Man wagt gar nicht zu denken, was ich dann als Nächstes zu erdulden hätte.

Einmal war ich mit meiner Frau im Marburger Schloss, im Innenhof. An dessen Eingang wurde darum gebeten (!), eine Maske zu tragen. Von einer Pflicht stand da nichts. Außerdem ist der Hof im Freien, eine Maske zu tragen wäre aus logischer Sicht reichlich sinnfrei. Als ich mich umschaute, kam ein Herr mittleren Alters rein und zeigte nur stumm mit seinem Finger auf seine Maske. Ich erwiderte, dass ich ein Attest habe, woraufhin er entgegnete: »Dann müssen Sie draußen bleiben!«

Ich stutzte kurz und hielt mir vor Augen, dass diese Art der Ausgrenzung schon einmal in Deutschland in der Vorkriegszeit des Zweiten Weltkrieges stattfand, um mich dann halb zu ihm herüberzudrehen und ein ärgerliches »Wie bitte?!« zu entgegnen. Daraufhin hat er nichts mehr gesagt.

Aber auch bei einem Juwelier in Frankfurt wurde ich einmal nicht hereingelassen, was der adrette Herr von der Filiale mit »Order von oben« begründete. Als ich Wochen später erneut in dieser Filiale zugegen war und eine Angestellte darauf ansprach, meinte sie nur, dass ihr das neu sei, ich könne jederzeit ohne Maske hinein, wenn ich ein Attest habe.

Generell ist es bezeichnend, dass viele Geschäfte, auch große Ketten wie Edeka, in großen Schildern darauf hinweisen, dass man nur mit Maske und niemals ohne in das Geschäft dürfe, was vollkommen falsch und irreführend ist.

Auch die Durchsagen der Deutschen Bahn auf den Bahnhöfen halten alle fünf bis zehn Minuten die Passanten an, eine Maske zu tragen. Auch hier ist von einer gesetzlich garantierten Freistellung kein Hinweis zu hören, was ich für ein Unding halte, da damit dem Denunziantentum nur weiter Vorschub geleistet wird.

Geschockt hat mich aber einmal das Verhalten eines Busfahrers. Auf dem Weg nach Hause bin ich, wie immer, recht weit vorne eingestiegen und setzte mich normal hin. Der Busfahrer drehte sich herum und meinte mit forscher Stimme, dass alle aussteigen sollen, die keine Maske tragen. Ich realisierte, dass hinten drei oder vier Jugendliche ohne Maske saßen, die dann auch anstandslos den Bus verließen. Routinemäßig holte ich mein Attest heraus, um es ihm zu zeigen, doch er wollte es nicht sehen. Es wären angeblich schon so viele Busfahrer an »Corona« erkrankt, deswegen dürfe niemand mehr ohne MNB mitfahren. In meinem Fall mache er jedoch eine Ausnahme: Ich dürfe mitfahren, wenn ich mich weiter hinten hinsetzte, wogegen ich natürlich nichts hatte.

Auf der Fahrt, der Busfahrer trug selbst keine MNB, fertigte er an der Fahrertür noch einen Fahrgast ab. So weit her kann es mit der Ansteckungsgefahr also nicht sein, dachte ich mir. Beim Aussteigen öffnete er seine Tür und sprach zu mir, dass dies das letzte Mal gewesen sei, dass er mich mitgenommen hätte, weil er mich schon so lange kennen würde. Er wollte mir noch seine Busnummer dalassen, falls ich mich beschweren wolle, was ich dankend ablehnte.

Zu Hause angekommen schilderte ich dem Verkehrsunternehmen diesen Vorfall und fragte, wieso eine Befreiung durch die Landesverordnung keine Gültigkeit hätte. Als Pendler bin ich außerdem auf die öffentlichen Verkehrsmittel angewiesen. In der Antwort stand drin, zu meiner positiven Überraschung, dass sie mit dem Fahrer gesprochen und ihn darauf hingewiesen hätten, dass dieses Verhalten unangemessen war.

Natürlich habe das Unternehmen eine Beförderungspflicht, der auch ein Attest nicht im Wege stehe. Sie rieten mir allerdings, unaufgefordert mein Attest beim Betreten vorzuzeigen, was ich eine Zeit lang auch tat. Irgendwann fühlte ich mich dann aber als Schwerverbrecher, weil die Unschuldsvermutung umgekehrt wurde, und zeigte mein Attest dann nur noch auf Anfrage.

Während dieser »Corona-Krise« habe ich sehr viel Leid durchgemacht. Ich stellte mir sogar die Existenzfrage, und auch, ob ich in solch einer düsteren, totalitären und denunzierenden Welt noch weiterleben will.

Mittlerweile habe ich mich aber wieder aufgerappelt. Doch die Ausgrenzungen und Benachteiligungen sollten nicht enden.

Selbst unter Freunden und in der Familie hält der Spaltpilz »Anti-Corona-Maßnahmen« Einzug. Menschen, mit denen ich gut klarkomme und von Verstandes wegen große Stücke auf sie hielt, verhielten sich plötzlich irrational, zuweilen sogar feindlich. Mehr als einmal habe ich mich bei einem Gespräch unter Freunden anbrüllen lassen müssen, das sich um die »Corona-Maßnahmen« drehte.

Ich meldete mich zu einem Lehrgang für Betriebsräte in einem ver.di-Bildungszentrum an, was auch problemlos durchging. Der Beschluss des Gremiums war da wie auch das Bestätigungsschreiben, dem allerdings ein »Hygieneplan« beigefügt war. Schlimmes ahnend, schrieb ich dem Bildungszentrum, dass ich über ein Attest verfüge und aus gesundheitlichen Gründen keine MNB tragen kann. Zwischendurch war auch die Kostenübernahme in trockenen Tüchern. Alsdann kam die Absage der Leiterin der Bildungsstätte: Ausnahmen von der Tragepflicht gebe es keine. Ich fragte nach, ob die Bildungsstätte außerhalb des Landes Hessen stehe, weil die Verordnung klar eine Befreiung vorsieht. Auch halte ich es aus gewerkschaftlicher Sicht für ein fatales Signal, wenn man gezielt Menschen aussperrt; Solidarität ist gerade in diesen Zeiten besonders wichtig (eine Solidarität, wie sie die Gewerkschaften unermüdlich selbst betonen). Die Bildungszentren sind doch auch barrierefrei umgebaut, damit beispielsweise Rollstuhlfahrer nicht ausgeschlossen werden. Ist mein Fall denn anders gelagert als bei solchen Behinderungen anderer Menschen?

Da ich mich mit dieser ausschließenden Maßnahme an der Ausübung meiner betriebsrätlichen Tätigkeit gehindert fühle (was einen Straftatbestand darstellt) und mir die Prüfung rechtlicher Schritte vorbehielt, wurde eine Antwort dieses Mal von einer Rechtsanwältin des Hauses verfasst, offenbar, um Eindruck zu schinden und mich zum Ablassen von weiteren Maßnahmen zu bewegen. Mir wurde sinngemäß geantwortet, dass die Bildungsstätte diese Maßnahme freiwillig (sic!) ins Leben gerufen habe, mit der Begründung, dass man sich mit MNB ja gegenseitig schütze. Ich hing ihr den Kurzbericht des Corona-Ausschusses als PDF an und setzte noch einen Link, der die Fragwürdigkeit der Masken belegt, doch eine Antwort bekam ich seither nicht mehr.

Da ich bereits anwaltlich in der Abmahnsache vertreten bin, schrieb ich ihm kurz den Vorfall mit der Bitte, auch dieses Mandat zu übernehmen, doch er sei schon ausgelastet und könne keine weiteren Fälle mehr bearbeiten. Also fragte ich bei meiner Rechtsschutzversicherung an und bat darum, mir einen Anwalt zuzuteilen, der Zeit hat und sich der Sache annehmen kann, doch seit mehreren Tagen habe ich noch keine Antwort erhalten.

Vielen Dank übrigens für den Aufruf. Ich weise darauf hin, dass es eine ähnliche Sache bereits gibt: https://kollateral. news/lockdown-leid/.

Je breiter der Nachrichtenkorridor ist und je mehr Menschen über die ihnen widerfahrenen, teilweise sehr schlimmen und existenzbedrohenden oder sogar existenzvernichtenden Maßnahmen berichten, desto größer kann der Widerstand in der Bevölkerung werden. Es haben so unglaublich viele Menschen Angst, ja sogar Paranoia, dass eine sachliche Diskussion unmöglich gemacht wurde. Vielleicht erwachen sie aus dieser Angststarre durch gegenteilige Emotionen, sprich: wenn sie mitkriegen, dass die Maßnahmen mindestens genauso viele Opfer fordern wie das »Corona«-Virus.

In England sind die Lockdown-Opfer bereits der größere Teil, wenn man die Toten zählt.

Mit freundlichen Grüßen

M. S.

Betrifft: Die im Dunkeln sieht man nicht

Hallo liebe NachDenkSeiten-Redaktion,

ich möchte mich kurz vorstellen, ich bin 53 Jahre alt, berufstätig trotz 50 % anerkannter Schwerbehinderung, die aufgrund von somatischen (chronisches Asthma Bronchiale) und psychischen (PTBS, Depressionen seit einigen Jahren gut im Griff) Erkrankungen entstanden ist.

Bis April dieses Jahres hatte ich eine Halbtagsstelle und eine weitere Viertelstelle, über die ich meinen Lebensunterhalt finanzieren konnte.

Die Halbtagsstelle habe ich immer noch, es handelt sich um eine überwiegend Home-Office-fähige Tätigkeit.

Die Viertelstelle war als Heilerziehungshelfer im Wohnbereich der Behindertenhilfe, welche ich verlor, da mein Bezugsklient (über den meine Stelle finanziert wurde) im Krankenhaus nach einer Operation mit Folgekomplikationen verstarb.

Diese Viertelstelle verlor ich innerhalb von 14 Tagen, da dies in solchen Arbeitsverhältnissen üblich ist.

Dazu kam dann noch die Coronakrise mit ihren Folgen. In der Behindertenarbeit wurden Werkstätten und Tagesförderstätten geschlossen – die Mitarbeiter umverteilt, so dass sich die Situation in diesem Arbeitsbereich drastisch änderte, gab es davor noch relativ viele offene Stellen im Wohnheimbereich, änderte sich diese Situation sehr schnell.

Auch in Altenheimen gab es Corona-bedingt Veränderungen, es durften nur noch Fachkräfte bei besonderem Bedarf neu eingestellt werden, da kein Probearbeiten mehr erlaubt war. Vermutlich war es für mich auch ein Vorteil, zu der Zeit keine neue Stelle im Pflegehelferbereich zu finden, da ich aus gesundheitlichen Gründen nur in sehr enger zeitlicher Begrenzung Maske tragen kann, tue ich es zu lange bekomme ich Atembeschwerden, die immer heftiger werden bis hin zu akuter Atemnot.

Immerhin hatte ich Anspruch auf Teilarbeitslosengeld, welches relativ problemlos zu beantragen war, auch wenn das Warten auf die Unterlagen vom ehemaligen Arbeitgeber dazu führte, dass ich erst nach zwei Monaten das erste Geld bekam. Da ich zur Risikogruppe zähle, vermeide ich auch seit dem Lockdown alles, um nicht unnötige Risiken einzugehen. Zwar habe ich weiterhin Kontakt zu meinem Sohn und seiner Familie (immerhin drei Kinder, zwei in Grundschulen und eins in Kita) sowie zu meinen Arbeitskollegen, wozu auch die Freundin meines Sohnes zählt, und ich erledige meine Einkäufe (Lebensmittel und Haushaltswaren) sowie das Tanken und die benötigten beruflichen Treffen allein, mehr Sozialkontakte habe ich aber nicht mehr.

Treffen mit Freunden oder Bekannten sind gestrichen, zum Großteil, weil diese ebenfalls entweder selbst zur Risikogruppe gehören oder (Haushalts-)Angehörige haben, die dazuzählen.

Einkaufen gehe ich natürlich mit Mund-Nasen-Bedeckung – was schon öfter zu Angriffen führte, wenn ich direkt vor dem Laden die Maske abnahm, je länger die Corona-Situation dauert, umso heftiger und häufiger werden diese Angriffe – dass ich ein entsprechendes Attest habe, interessiert dabei kaum jemand (nur Menschen, die selbst betroffen sind haben dafür Verständnis, sie erleben solche Situationen auch oft).

Meine verlorene Viertelstelle werde ich in absehbarer Zeit nicht neu besetzen können, aufgrund meiner gesundheitlichen Situation. Auch andere verfügbare Jobs sind mir dadurch nicht möglich – es gibt keine freien Stellen ohne Maskenpflicht.

Arztbesuche, explizit Facharztbesuche, in der nächsten Großstadt vermeide ich, so gut es geht – allerdings wirkt sich dies auch negativ aus. Denn im November habe ich den nächsten Lungenfacharzttermin und weiß nicht, wie ich diesen umsetzen soll, er wäre dringendst nötig, da der im Frühjahr schon abgesagt wurde, weil die Praxis wegen eines Corona-Falls geschlossen war, aber selbst auf dem Weg zur Praxis und zurück zum Parkhaus müsste ich Maske tragen, von der erwartungsgemäß mehrere Stunden andauernden Diagnostik (Lungenfunktionstest, usw. bis zum Arztgespräch dauert es meist drei bis vier Stunden) ganz zu schweigen, in Verbindung mit der Maskenpflicht draußen habe ich sehr große Angst, denn wenn ich einen Atemnotanfall bekomme, bringt man mich ins nächstgelegene Krankenhaus mit noch größerem Risiko für Infektionen, nicht nur mit Corona.

Meine Lebenssituation hat sich somit in diesem Jahr in doch sehr vielen Bereichen deutlich verschlechtert und im nächsten Jahr wird dies noch schlimmer werden, wenn ich das Teilarbeitslosengeld auch nicht mehr bekomme, das läuft im Januar aus.

Die aktuelle politische und mediale Situation macht mir große Angst, denn je schwieriger meine Situation ist, desto mehr Depressionssymptome treten wieder auf, was sich nochmal negativ auf die Atemwegserkrankung auswirkt. Dazu die immer weiter ausgeweitete Maskenpflicht, die mittlerweile auch die Atteste ausschließt, macht die Situation noch schwieriger und ich kann einfach keinen Ausweg aus diesem Teufelskreislauf mehr erkennen.

Ich hatte bisher noch nie einen Corona-Test – einfach, weil kein Bedarf dafür erkennbar ist, zumal ich auch keine spezifischen Symptome habe.

Meine Atemwegsproblematik basiert ja auf der bekannten chronischen Asthma-Erkrankung und ist auch unpassend zu möglicher Corona-Erkrankung.

Sorry, dass es so viel Text wurde, aber ich wollte die letztlich rein auf den »Schutzmaßnahmen basierenden Beeinträchtigungen« möglichst sachlich und im passenden Kontext schildern.

Mit freundlichen Grüßen

F. G.

Betrifft: Corona-Erlebnisse

Sehr geehrtes NachDenkSeiten-Team,

ich bedanke mich für Ihre tolle Internetseite – ich bin durch Links im »Hühnerinfo-Forum« auf Sie gestoßen, wo im Corona-Faden anfangs ausgewogen (= verschiedene Sichtweisen nebeneinander) immer mehr die Hetze und Angriffe gegen nachdenkende Menschen überhandnahmen, so dass die Moderatoren den Thread nach langem schlossen, da die Beschäftigung mit diesem gesellschaftlich relevanten Thema nicht Gegenstand des Forums ist und um Frieden zu wahren. Um Frieden zu wahren, setzt man den Maulkorb auf und hält den Mund.

Vor einigen Wochen fuhr ich mit dem Zug und »vergaß« nach ein paar Schlucken aus meiner Wasserflasche die Maske wieder hochzuziehen. Alle Fahrgäste im Abteil hatten ihre Masken auf. Ein größerer Hund fuhr auch mit. Ich meine, ich bin Hundefreund und habe nichts dagegen, wenn ein friedlicher Hund entgegen den Bestimmungen der DB ohne Maulkorb fährt, aber schon seltsam, welche Anfeindung ich als Mitmensch erlebte von einem jungen Pärchen mir gegenüber.

(»Ziehen Sie ›das Ding‹ hoch … ich möchte nicht schuld sein, dass meine Oma stirbt!«)

Anderes bizarres Beispiel – eine neue Bekannte trat ohne jegliche Symptome eine psychologische Kur an, wurde routinemäßig getestet und »positiv« wieder zur Quarantäne nach Hause geschickt. Sie erleidet nun, obwohl wieder »negativ«, den Psychoterror der Ausgrenzung, weil unser momentaner Mitbewohner – ein gemeinsamer Freund – Angst hat sie zu treffen (wir wollten das »negativ« miteinander feiern bei gemütlichen Kaffeekränzel) – er möchte nicht seiner hochbetagten Mutter (wohnhaft 200 Kilometer weiter, trifft er erst in einigen Wochen wieder) den Todesstoß versetzen. Dazu telefonierte er mit diversen Gesundheitsämtern und Ärzten, um sich seine Ängste bestätigen zu lassen.

Da ich zu besagter Frau vier Tage vor dem Test Kontakt hatte und unser Freund das nicht unter den Tisch fallen lassen wollte, waren wir zum Testen beim Hausarzt und bekamen eine Woche Quarantäne geschenkt – zur Freude meines urlaubsreifen Mannes. Beim Arzt mussten wir nicht die Kontaktdaten angeben zu unserer Bekannten – ich weiß nicht, wie viel Trittbrettfahrer es gibt, die sich mit dem vermeintlichen Kontakt zu einer positiv getesteten Person einen Zusatzurlaub schenken lassen … oder als »positiver Mensch« so positiv sind, ihren Mitmenschen einen vermeintlichen Kontakt anzubieten …

Es ist alles so skurril und wir leben einfach nun wirklich mit Kontaktbeschränkungen, weil man kann ja bei den steigenden Fallzahlen nicht dauernd in Quarantäne gehen … (psst, oder zwischenmenschlicher Kontakt wird gebeten, mich nicht als Kontakt anzugeben, falls positiv)

Auf bessere Zeiten, lieben Gruß
Alexandra Otto

Betrifft: Die im Dunkeln sieht man nicht – Schließung der Jugendherbergen Gießen und Weilburg

Sehr geehrter Herr Müller,

in Folge der sog. Corona-Pandemie werden die Jugendherbergen in Gießen und Weilburg dauerhaft geschlossen. Dies stellt neben den Arbeitsplätzen auch einen herben Verlust für die jeweils regionale Wertschöpfung dar.

Anders lautende Begründungen, wie teilweise in der Lokalpresse angeschnitten, entsprechen nicht der Wahrheit – ich habe mit beiden ehemaligen Leitern persönlichen Kontakt.

Das von mir betriebene, in erster Linie der Naturbildung für Kinder dienende MObile LAndschaftsMUseum (http://www.mobileslandschaftsmuseum.de/aktuell.htm) ist aus rein betriebswirtschaftlicher Sicht ebenfalls »erledigt«. Die seitens Regierung großspurig angekündigten »Hilfen« entpuppen sich sämtlich als Luftnummer.

Für evtl. Rückfragen stehe ich gerne zur Verfügung.

Mit freundlichem Gruß
Dr. Holger Rittweger

Betrifft: »Weder zielgerichtet noch verhältnismäßig«

https://www.n-tv.de/22130771

Meine Frau arbeitet in der Kulturbranche – noch. Dieses Hü und Hott nebst gefühlter Planlosigkeit zerfetzt die Branche mit immerhin 1,5 Mio. Arbeitsplätzen. Ein katastrophal geführtes Krisenmanagement, welches m. E. nicht nur die Akzeptanz bisheriger Maßnahmen in der Bevölkerung reduzieren dürfte.

Ein Quasi-Arbeitsverbot für diese Branchen ohne Unterstützung. Was sind denn die geplanten 70–75 % Umsatzerstattung lt. Scholz' Idee mit Grundlage des Vormonatsumsatzes? Aufgrund der Restriktionen fuhren viele Selbständige und Kleinfirmen die letzten Umsätze doch schon weit unter Vorjahres- bzw. Prä-Corona-Ära. M. E. sollten Bemessungsgrundlage doch wohl eher Umsätze aus Januar bis März 2020 sein. Wer berät diese Dilettanten eigentlich immer?

Mir fehlt einfach eine langfristige und vernünftige Strategie, die unsere Regierung allerdings selbst nach sechs bis acht (!!!) Monaten Pandemiethema nicht mal annähernd hinbekommt … Zahlen dafür werden wir leider alle dafür.

Mit freundlichen Grüßen

S. Lips

Betrifft: Corona-Erfahrungen

Die Maßnahme »Kontaktverfolgung« hält mich davon ab, den Gottesdienst zu besuchen, ins Restaurant zu gehen, Konzerte und Vorträge zu besuchen. Ich will nicht »verfolgt« werden. Wenn ich so einen Zettel ausfüllen soll, spüre ich ganz irrationale Fluchttendenzen.

Die Maßnahme »Maskenpflicht« hält mich davon ab, Stadtbahn, Bus und Zug zu fahren, an Elternabenden teilzunehmen, Museen und Ausstellungen zu besuchen. Ich habe Mühe, mich mit Maske verständlich zu machen. In Einkaufssituationen reagiere ich gereizt. Ich finde es schlimm, wenn Kinder erschrecken, wenn sie mich mit meiner Vermummung (Schlauchtuch, weit über den Kopf gezogen, sonst rutscht es) sehen. Ich selber erschrecke auch, wenn Leute unvermittelt mit schwarzer Maske vor mir auftauchen.

Die Maßnahme »Abstand halten« führt zu einer Sehnsucht nach Kontakt, nach Nähe, wenigstens mal ein Handschlag. Ich hab schon versucht, mich selber in den Arm zu nehmen. Ein bisschen tröstet das. Ich lebe nicht alleine. Aber wie geht es Menschen, die keine Familie um sich haben?

Die Maßnahme »Kontakte vermeiden« führt dazu, dass man zu diesen digitalen Formaten quasi gezwungen wird. Erstens hab' ich da eine Redehemmung, und zweitens ist das einfach nicht dasselbe wie ein echtes Gespräch.

Durch Corona kam so eine Lähmung in die Familie, in den Alltag. Man klebt am Sessel, sitzt vor dem Computer; man versucht, der allgegenwärtigen Gängelung dadurch zu entgehen, dass man gar nicht erst rausgeht. Die Fröhlichkeit ging verloren, es schwebt immer so eine Sorgenwolke in der Luft. Urlaubspläne platzen, Hobbys sind abgesagt, Verwandtenbesuche schwierig oder unmöglich. Auch Bekannte sind distanziert, man hört einfach nichts voneinander, traut sich nicht.

Ich habe versucht, Orwells *1984* zu lesen. Ich schaffe es nicht. Ich kann diese kalte Atmosphäre nicht ertragen.

D. S.

Betrifft: Textbeitrag

Liebe Redaktion der NachDenkSeiten,

Ihr Aufruf vom 22. Oktober zu »Im Dunkeln sieht man nicht« und einige andere Entwicklungen haben mich veranlasst beiliegenden Text zu schreiben (und zu überarbeiten) und nun weiß ich eigentlich nicht, was ich damit machen soll. Daher schicke ich ihnen diesen nun zu und würde mich ggf. über eine Veröffentlichung auf den NDS freuen. Ich bin ein wenig feige und würde gerne anonym bleiben. Ist das möglich?

Ich freue mich über Ihre Antwort und Danke für Ihre Arbeit!

Mit besten Grüßen

M. H.

Anhang:

Alltag und Moral in Corona-Zeiten

Mittwochnachmittag Berlin-Neukölln:

Ich gehe nachmittags am 21. Oktober gegen 16 Uhr mein Kind aus der Kita abholen – mit Mund-Nasen-Schutz natürlich –, ich sehe mein Kind mit einem seiner Freunde draußen, außerhalb des Kita-Geländes. Er pflückt Moos aus den Ritzen der Pflastersteine. Ich rufe schon von Weitem halb scherzend, halb ermahnend: »Was macht ihr denn hier, so weit draußen dürft ihr doch gar nicht sein«, sammle die Kinder ein und schicke sie Richtung Gartengelände. Schon auf dem Weg dahin werde ich von meinem dreijährigen Sohn belehrt: »Aber Havel hat uns erlaubt, hier zu spielen. Wir müssen Moos ernten!« Ich halte dagegen; »Na das wollen wir mal sehen, ob sie euch das erlaubt hat.« Vom Gartentor aus sehe ich die Erzieherin schon mir zuwinken, ihren Blick werfen und nicken. Dann die Frage:»Haben Sie die E-Mail schon bekommen?« Eine Kollegin kommt hinzu und erklärt: »Wir hatten einen Corona-Fall auf der Etage, die Kita bleibt bis zum 30. Oktober geschlossen, und dann wissen wir auch noch nicht genau, wie es weitergeht.« Meine erste Reaktion war erstmal zu lachen. (Ich weiß, sehr unpassend, aber …) Na ja, denke ich, eigentlich ja klar, dass es uns irgendwann auch erwischen wird. Gerade am Tag zuvor hatte ich mit einem Kollegen und alten Freund zu tun, den, mit zwei kleinen Kindern, dasselbe Schicksal ereilte: Das Kita-Kind ist in Quarantäne, die Eltern sind es nicht. Da macht mal was Sinnvolles draus und seht zu, wie ihr euch arrangiert. Vom »Ins-Büro-Schleichen« hat er mir erzählt, hat berichtet, dass das dazugehörige Schulkind ja auch zu Hause ist – wegen Schulferien vermutlich – aber ja auch, weil es anders nun gar keinen Sinn mehr ergeben würde.

Hmm, das alles klingt bei den anderen immer anders, als es dann ist, wenn man es selber erlebt. Ich schnappte mir also mein Kind, verstehe erst zwei Tage später, dass dies vielleicht der Grund war, warum an jedem Tag draußen vor dem Grundstück Moos geerntet werden durfte, und werde gleich drei Minuten später, noch im Gespräch mit meinem Sohn, von meiner Chefin auf dem privaten Handy angerufen. Frage: »Passt es jetzt?« Ich: »Na ja, ich hab gerade mein Kind abgeholt, aber ist bestimmt wichtig, oder?« Sonst wird näm- lich eher nicht auf meinem privaten Handy angerufen. Meine Chefin plaudert am Telefon auch gerne mal mit meinem Sohn, das kennt sie nun schon nach dem Corona-Frühjahr. Schließlich war er da immer um mich herum, wenn ich im Home-Office gearbeitet hatte, als größtenteils Alleinerzie- hende ließ sich das nicht vermeiden. Als die beiden ihren kurzen Plausch beenden, erzählt mir nun meine Chefin, sie wäre für ein Fernsehinterview angefragt worden, zur Situa- tion der Einhaltung der Corona-Regeln und der allgemeinen Stimmung in Neukölln. Sie wolle es nicht machen, aber habe gesagt, sie würde mal eine jüngere Kollegin fragen. »Jüngere Kollegin«, das war ich dann wohl. Als Antwort ploppt mir nur raus: »Na ja, ich habe gerade erfahren, dass mein Kind von genau jetzt an in Quarantäne ist, ich glaub, das ist eher ein schlechter Zeitpunkt.« Und plopp, da war es dann auch schon raus, das Wort »Quarantäne«.

Verteufelt so etwas! Schon machte es überall im Kollegen-
kreis die Runde, ich sei in Quarantäne … Stellt sich für mich
erst viel später heraus, wie vorsichtig man mit dieser Information umgehen sollte.

Nachdem ich das Telefonat dann mal abgewimmelt habe, auf
dem Heimweg, der nicht mehr als 15 Minuten dauern muss
(und an jenem Tag ca. 45 Minuten dauerte) Drei Heul-Trotz-
Wutanfälle meines Sohnes: »Ich will nicht wieder alleine
sein!« Er brüllt es in die Welt hinaus und ich kann ihn so gut
verstehen, weiß aber auch nicht, wie ich darauf reagieren
soll. Es zeigt doch das ganze Trauma dieses Frühjahrs, in
dem er fast sechs Wochen lang kein einziges anderes Kind gesehen hatte, auch dann nur zögerlich und immer draußen im
Freien. Sein größter Wunsch für die anstehende Geburtstagsfeier im November: alle seine Freunde nach Hause einladen,
bei uns in der Wohnung. Genau wie letztes Jahr!

Gott sei Dank war ich an diesem Nachmittag so entspannt bei
der Kita aufgetaucht, Gott sei Dank hatte ich mir einen freien
Tag von meiner derzeit eben auch anstrengenden und teils
nervenzehrenden Teilzeitarbeit gegönnt, die eben, wie so
vieles, auch starkes Potential hat: nur Teilzeitlohn, aber nicht
Teilzeitarbeit zu bringen. Gott sei Dank hatte ich einen vorerst letzten freien Tag, bevor wieder einmal alle Bälle gleichzeitig in der Luft behalten werden sollen und man selber einfach mal locker und entspannt als starker Anker für das Kind
agieren soll, während einem selbst unsicher der Boden unter
den Füßen entgleitet. Gott sei Dank heißt Teilzeit, Alleinerziehende auch, dass das Kind zumindest ab Mittag des folgenden Tages zwei volle Tage beim Vater sein konnte, wie
jede Woche, zwei Tage er, fünf Tage ich – für uns ein ganz gut
funktionierendes System. Und »never touch a running system«, ich hatte zwei Tage Zeit, meine Arbeit auf »kontaktlos«

und »Home-Office« mit Kind umzustellen, ohne dass das Kind da war.

Super! Immer schön positiv denken!

Großes Drama vor dem Bioladen, Theo wollte nicht draußen auf das Fahrrad aufpassen, wie immer wollte er mit rein und ich dachte da gerade: Darf ich jetzt aber nicht machen. Oder? Wie soll das gehen? Uns fehlten noch Milch und Brot. Was tun also? Noch ein Protestheulen auf den Stufen des Ladens … Mutter eines Dreijährigen sein eben …

Abends dann also noch die Vormittagstermine abgesagt, nächsten Tag am Mittag das immer noch zu Recht quengelnde Kind zum Vater gebracht und gleich beim ersten Termin (noch Face-to-Face): Bitte lass uns draußen spazieren gehen, bitte lass mich einen Mund-Nasen-Schutz tragen, und bitte Herr Kollege (den ich noch kaum kenne), lass mich in aller Kürze erklären, wie und wobei du mich nächste Woche ersetzen musst. Ich kann und darf diese Arbeit jetzt nicht machen. Und ironischerweise geht's darum Hygienekonzepte für Veranstaltungen festzumachen.

Das ist nämlich gerade mein Job, die Veranstaltungen zu koordinieren. Aber seit Corona, und mit den Lockerungen, und nun den erneuten Verschärfungen, ist die bloße Vermietung für eine winzige Veranstaltung so kompliziert und unklar geworden. Alle Dinge müssen gefühlt dreimal besprochen werden, und alles zeitnah, denn für die ferne Zukunft lässt sich eh nichts planen, also doch bitte am besten erst am Tag der Veranstaltung den Vertrag festmachen …

Puh … einen Haufen mündlicher Absprachen muss ich weitergeben. Doch diese müssen nun schriftlich verfasst werden, sonst kann wegen der Quarantäne meines Sohnes nämlich gar nichts passieren. Und ausgerechnet bei der Sache ging es um die Frage, ob eine Musikschule ein Schülerkonzert machen kann, ob also wenigstens einige dieser armen Corona-Kids, denen seit März permanent alles abgesagt wird, nicht doch mal so etwas Banales wie ein Musikvorspiel haben könnten. Wäre doch so schön, wenn wenigstens das mal klappen würde. Nun denn, mir lag es am Herzen, aber gerade das Projekt muss ich nun abgeben. Ich kann ja schlecht alle um mich herum permanent zu Vorsicht und Rücksichtnahme auffordern und selbst dann eine Halbquarantäne ignorieren. Wenn ich auch wollte, könnte ich nicht, denn der sonst sehr unterstützende Vater wird ab Sonntag »aus dringendem Grund« verreist sein und dann bin ich zeitweise tatsächlich alleinerziehend mit einem dreijährigen Quarantäne-Kind in Home-Office.

Unter all dem Wahnsinn, der mir am folgenden Tag dann so im Kopf rumgeisterte: Was darf ich jetzt eigentlich? Was nicht? Wie krieg ich das hin? Wem muss ich das jetzt eigentlich kommunizieren? Ging mir die Journalistenanfrage nicht aus dem Kopf. Was hätte ich für Lust, endlich der Welt mal meine Meinung zu sagen. Aber was wird der ARD/ZDF-Journalist dann wieder daraus machen? Ganze 45 Minuten Zeit habe ich investiert, um mit diesem Menschen zu telefonieren. Der kann seinen Job ganz gut, zumindest scheinbares Zuhören und Honig ums Maul schmieren, damit man sich doch darauf einlässt.

»Wir könnten Sie auch vom Balkon aus interviewen, das wäre doch total authentisch!«

Ja, aber wann soll das gehen? Und was macht mein Kind in der Zeit? Und, ist das eigentlich das, wofür ich gerade Kraft und Energie habe?

Nachts um 1 Uhr, als ich immer noch in einer total chaotisch unaufgeräumten Wohnung sitze, ohne Essenseinkauf, mit knurrendem Magen jetzt, sage ich ein mögliches Interview für den nächsten Tag ab und gehe endlich ins Bett.

Nächster Tag: Ich beschließe, zunächst den Vormittag für häusliche Dinge zu nutzen, denn die werden im Zweifelsfall auf der »To-do-Liste« immer nach hinten verschoben, haben aber beim Erledigen immerhin doch die meditativste Kraft.

Nachricht meiner engsten Freundin im Wedding, alleinerziehend, Vollzeit arbeitend, zwei Kinder. Die Kita auch geschlossen wegen Corona. Aber das ist der Wedding, nicht Neukölln. Rechtliche Fragen werden hin und her geschoben. »Heißt Kitaschließung nun Quarantäne oder nicht?« Ich: »Für mich schon, zumindest für das Kind, so steht es auch in der E-Mail von der Kita und außerdem habe ich in den Nachrichten wahrgenommen: Alle ersten Kontaktpersonen haben sich selbstständig, ohne Aufforderung vom Gesundheitsamt in Quarantäne, zu begeben – angeblich rechtskräftig (erscheint ja auch außerdem sinnvoll, denk ich mir). Meine Freundin findet nichts dergleichen im Netz.

Später stellt sich heraus, dass es tatsächlich eine Verordnung für Neukölln ist, gilt also nicht im Wedding. Das Gesundheitsamt in Mitte (das ist der entscheidende Bezirk), dort ist niemand zu erreichen. Sie ist ärgerlich und in vollem Aufruhr. Wenigstens ist die ältere Tochter schon im Teenageralter und kann Babysitten, dauerhaft aber für eine 13-Jährige auch kein Zustand. Dazu in einer Zweizimmerwohnung, wenn die Mutter im Home-Office arbeitet. Traumhaft alles!!!

Gut, dass die Eltern nicht mit in Quarantäne geschickt werden, denn unsere Freiheit soll ja nicht auch noch eingeschränkt werden, unnötig. Darf sie auch nicht – finde ich richtig so. Meine Freundin hingegen klagt. Mit ihrem Arbeitgeber geht das alles nicht, und sie braucht den Lohn, sonst kommen schnell Probleme auf. Lohnersatzzahlungen vom

Staat gibt es wohl nur, wenn sie selbst in Quarantäne ist, dabei ist noch nicht einmal Quarantäne für das Kind ausgesprochen worden ... Sie kennt schon die Paragraphen auswendig, erreicht aber niemanden beim Amt.

Na ja, denk ich mir, ich hab's doch wirklich noch ganz gut. Bis auf das nicht-allein-sein-wollende Kind, alles schick! Arbeitgeber verständnisvoll, Kollegen umgänglich, soziales Umfeld verständnisvoll ... was will ich mehr?

Nix eigentlich, außer dass Corona am besten einfach wieder verschwindet!!!!

Donnerstag: versuche, alle Arbeit zu erledigen. Zwischendurch brummt mir immer mal wieder der Schädel. Ein Telefonat mit einer anderen Chefin sozusagen, sie muss auch erstmal lachen bei der Nachricht wegen der Quarantäne (dieses Mal fühle ich mich aber einfach nicht ernst genommen) »War das nicht neulich gerade schon so bei dir?« Da hatte ich selber eine Erkältung, klassische Erkältungssymptome und ich war mir sehr unsicher, wie in diesen Krisenzeiten damit umgehen? Ich hatte mir dann auch nur die zwei Krankheitstage ohne Krankschreibung genommen und war so viel wie möglich zuhause geblieben.

Aber ja, da wird dann halt über einen auch mal gelacht. Das war noch die Zeit im September, als ich im Büro regelmäßig aufgefordert wurde, doch mal den Mundschutz abzunehmen, man könne mich so nicht verstehen, und als ich allen Kollegen versuchte zu erklären, dass ich mit Kita-Kind hier ein deutliches Risiko mit reinbringe und eben nicht gewillt sei, meinen Mundschutz abzunehmen. Diese »Berliner Bürger-Mundschutzverordnung« hat dieser leidlichen Diskussion dann ein Ende gesetzt. Aber sinnlos alles, eh, ich will damit nicht den Verordnungswahnsinn rechtfertigen, sicher nicht!!!

Donnerstagabend: Ein Telefonat mit der Mutter von Theos bester Kita-Freundin. Sie hat die E-Mail-Nachricht im Urlaub bekommen, bei den Großeltern des Kindes … Nun ist sie auf dem Heimweg, um am Freitag noch einen Corona-Test machen zu können. Sie selbst ist außerdem Lehrerin, muss ab Montag dringend wieder arbeiten. Schockierend und verwirrend das alles, zwischen Angst und Orientierungslosigkeit, würde ich sagen. Man will natürlich vor allem erstmal so schnell wie möglich wissen, ob das Kind die Großeltern angesteckt haben könnte. Verständlich! Aber auch, um gleich wieder arbeiten zu gehen und dann ggf. das Kind einfach mit in den Unterricht nehmen zu können. Auch eine verrückte Idee. Bei dem Gespräch fällt mir auf: Ich war doch noch vergleichsweise entspannt, auch wenn ich mir mega gestresst vorkam. Zwischendurch ein kurzes abendliches Treffen mit dem anderen befreundeten Kita-Vater, der bei mir einen Schlüssel abholen muss, während die arbeitende Mutter nun abends die Kinder ins Bett bringt. Entgrenzte Arbeitszeiten bei Neuköllner Akademikern sind sowieso eher die Regel als die Ausnahme.

Am Freitag: Verzweifelter Anruf der anderen Kita-Mutter, ob mein Sohn Theo bei mir wäre und wie ich denn eingestellt wäre … könnten die beiden sich nicht sehen? Ihr Kind würde ununterbrochen nach Theo fragen. Ich dazu nur: »Ich denke, meinetwegen: Ja. Für Theo ist es gut und die beiden sind ja nun eh in derselben Gruppe gewesen.« Das Kind ist aber beim Vater und der soll da ja auch noch seine Meinung zu äußern können. Letztlich hat er zwei Stunden auf beide Kinder aufgepasst am Nachmittag. Deutliche Erleichterung für die Lehrerin, die noch ihren Unterricht für Montag vorbereiten musste.

Freitagabend gegen 20 Uhr: Ich komme aus dem Büro, in das ich mich dann eben doch noch heimlich geschlichen hatte.

Im Treppenhaus treffe ich zwei Nachbarinnen. Rege Aufregung über die Corona-Teststelle am Hauptbahnhof: Ein Bundeswehrsoldat, der sie zur Ordnung rufen wollte, wie konnte sie denn überhaupt als Lehrerin in den Herbstferien nach Frankreich fahren – verantwortungslos sei das! Sie aber hat da ein eigenes Haus auf dem Land, der Umzug dahin ist schon geplant, verboten war es nicht dahin zu fahren. Ein eigenes Haus – die sicherste Art Kontaktvermeidung zu betreiben. Nun muss sie in Quarantäne bis zur Bekanntgabe des Testergebnisses, das kann wohl aber in Berlin gerade einmal wieder einige Tage dauern. Auch sie darf dann Montag vielleicht erst einmal gar nicht zur Arbeit. Reger Frust bei ihr. Und das Kollegium reagiert sehr unkollegial.

Ein Kollege, so erzählt man, sei bereits zweimal wegen seines Sports und Corona-Kontakt in Quarantäne gewesen – Sport machen ist nicht mehr legitim, verreisen auch nicht, für alles wird man geächtet, überall wird die Schuld gesucht. Verrückt ist das.

Immer wieder diese Frage: Wer ist schuld daran, auch der Journalist hatte mich das am Telefon gefragt. Er schien überrascht über meine Antwort und ich war es in gewisser Weise auch: Niemand ist schuld, wenn er krank wird, und niemand ist schuld, wenn er jemand anderen ansteckt. Das galt schon vorher für jede Krankheit und gilt auch jetzt.

Es zeigt doch nur die menschliche Schlechtigkeit einen Sündenbock zu suchen für alles Übel, das es gibt auf der Welt, aber hier gibt es eben keinen Schuldigen, im Großen so wenig wie im Kleinen. Es ist eben ein schwerer Schicksalsschlag, mit dem wir umgehen müssen, aber, nichts wo uns die Suche oder Diskussion um einen Schuldigen irgendwohin bringt.

Die Frage nach der Schuld wird in vielen Diskussionen vermengt mit der Frage nach Verantwortung und dem Getriebensein von der Angst. Verantwortung tragen unsere politischen Akteure für den Rahmen unseres gesellschaftlichen (und damit in Teilen auch unseres geselligen) Zusammenseins, und Verantwortung tragen wir alle für uns selbst und unsere Nächsten mit der Frage, wie wir unseren Alltag und damit unser Leben gestalten. Eine virologische Logik über unser privates Leben zu legen sollte nicht, wie es teils geschehen ist, unser individuelles Handeln bestimmen. Hätte man mir verboten, meinen pflegebedürftigen Vater in den letzten vier Monaten seines Lebens zu sehen, ich hätte mich mit allen mir zur Verfügung stehenden Mitteln dagegen gewehrt und Bußgelder hätten mich sicher nicht abgehalten bei ihm zu sein. Unsere politischen Verantwortungsträger sind, bei aller Macht, die ihnen zur Verfügung steht, auch nur Menschen, die nach besten Wissen und Gewissen handeln können. Ihre Verantwortung geht über den Schutz des Lebens hinaus hin zu einem Schutz unseres Gemeinwesens, ein rechtsstaatliches Gemeinwesen, das durch Verordnungschaos und die Verunmöglichung der Einhaltung der Regeln durch zu viel Widersprüche ernsten Schaden erleiden kann. Wenn sich nun die Frage(n) nach Schuld, Verantwortung und Angst derart vermengen, wie sie das in unserem gesellschaftlichen Diskurs in den letzten Wochen getan haben, dann werden wir nicht gut durch diese Zeit kommen.

Schuld ist eine Frage der Moral. Diese neue Moral jagte uns durch die letzten Wochen und Monate: Ist es angesagt, die Großeltern zu besuchen, darf ich mich um meine pflegebedürftigen Angehörigen kümmern, wenn ja, darf ich auch noch ein anderes Leben haben? Darf ich meine Freunde treffen? Eine Geburtstagsfeier machen, einfach so mal Spaß haben und Tanzen gehen? Darf ich in den Urlaub fahren, durch den Wald spazieren, Picknick machen? Alles Fragen des Alltags, die plötzlich moralisch aufgeladen wurden. Was wir da brauchen, ist eine wahrhaft gelebte Toleranz im Umgang mit der Situation. Eine Akzeptanz, dass Andere in diesen Fragen andere Antworten finden und leben. Diese tiefgehende Toleranz gibt es vielerorts bereits. Es gibt Alte, die verstehen, dass das Leben ohne Party für Jugendliche ungefähr so ist wie für Menschen ab 60 ohne ihren Mittagsschlaf. Das kann man schon mal machen, aber auf Dauer ist das einfach wirklich nicht schön, deprimierend und anstrengend. Was wir gesellschaftlich brauchen, sind nicht mehr Moralapostel, sondern klare und einfache Antworten auf komplexe Probleme. Bei allen missglückten Versuchen der letzten Monate lässt sich das Bemühen darum in der Politik durchaus erkennen. Ich hoffe da auf mehr Vereinfachung in der Zukunft, denn wenn alles unsicher wird, ist das, was uns im Mindesten zusteht, doch Klarheit über die Situation.

Das Fehlen dieser Klarheit sorgt für noch mehr Ängste in der Gesellschaft. Angst ist also allerorten, wenn nicht vor dem Virus, dann doch in Bezug auf die anderen gesellschaftlichen Entwicklungen: Wo soll das alles hinführen, das fragen sich viele, im Großen wie im Kleinen.

Die Beschreibung der ersten Quarantäne-Tage meines Sohnes, schickte ich meiner Tante mit der Frage, ob man aus diesem Tagebuchtext nicht etwas anderes machen könne. Sie hat ihn dankbarer Weise für mich redigiert und mit der Frage kommentiert: Was machen wir mit der Angst? Und meine Antwort darauf ist einfach: Die einzig mögliche Antwort auf Angst ist Mut. Es braucht heute mehr Mut, seinen Alltag zu bewältigen als vor einem Jahr. Politische Entscheidungsträger brauchen Mut, sich hinter ihre Entscheidungen zu stellen, wir als Bürger brauchen Mut uns zu den Entwicklungen zu äußern und teilzuhaben an diesen Entwicklungen. Ich als Mutter brauche Mut, meinem Kind ehrlichen Herzens zu erklären, dass wir das alles schon hinkriegen werden. Und manchmal wird aus einer ersten Behauptung auch Wirklichkeit.

Betrifft: Die im Dunkeln sieht man nicht

Liebe NachDenkSeiten,

im Folgenden mein Beitrag zum o. g. Thema:

Ich bin alleinstehend. Mein Hobby ist das Tanzen. Ohne festen Partner bin ich in solchen Tanzszenen unterwegs, in welchen man auch allein willkommen ist und sich einfach vor Ort zum gemeinsamen Tanzen findet, ob im Paar oder in der Gruppe.

Mit dem Lockdown im Frühjahr war das natürlich vorbei. Für mich, die ich praktisch mein ganzes Sozialleben über das Tanzen organisiere und zurzeit auch nicht berufstätig bin, bedeutete das eine nahezu vollständige Isolation. Ablenkung war nicht möglich, denn es gab ja auch sonst keine Veranstaltungen und war alles geschlossen. Gerettet in dieser Zeit haben mich kleine Tanzschulen, die damals Online-Kurse angeboten haben, um sich über Wasser zu halten. So hatte ich wenigstens virtuellen Kontakt in einer ansonsten quasi totalen Einsamkeit.

Für Ostern hatte ich ursprünglich geplant, zu einer Tante zu fahren. Nachdem Hotelübernachtungen untersagt waren, musste ich den Besuch absagen und verbrachte das Osterfest allein in meiner Wohnung.

Das war hart. Es fand ja nicht einmal ein Gottesdienst statt.

Die Lockerungen im Sommer waren dann kaum mehr als ein Tropfen auf den heißen Stein: Es war nichts mehr wie vorher; die Leute hielten weiterhin ängstlich Abstand, die wenigen möglichen Veranstaltungen waren kaum besucht oder nur noch für feste Tanzpaare.

Man mag jetzt vielleicht sagen, selbst schuld, wenn man alleine ist. Das kann sein, doch kenne ich viele Menschen, die so leben und solche Veranstaltungen brauchen, um unter Leute zu kommen. Ist es nicht auch Aufgabe einer Gesellschaft, Möglichkeiten der Begegnung zu schaffen für Personen, die alleine leben? Kultur ist mehr als bloße Unterhaltung. Für Menschen wie mich ist Kultur systemrelevant.

Nun aber wird gemeinsames Tanzen, Singen, Feiern zu unnötigem Luxus erklärt und menschliches Dasein auf das Funktional-Biologische reduziert. Social Distancing gilt als verantwortungsvoll, soziales Miteinander als egoistisch und gefährlich. All das empfinde ich als Ausdruck einer höchst unguten gesellschaftlichen Entwicklung.

Der erneute Lockdown und die damit absehbare erneute Isolation machen mir große Angst.

Herzliche Grüße!

Betrifft: Die im Dunkeln sieht man nicht

Hallo, liebe NachDenkSeiten,

ich betreibe seit über 25 Jahren eine Veranstaltungstechnik-Firma, bin selbst Tontechniker. Ich habe bereits mehrere Azubis ausgebildet, habe einen Angestellten, der sich um das Lager und die Buchhaltung kümmert.

Im Lager steht durchaus moderne, zeitgemäße Ton-, Licht- und Medientechnik im Wert von ungefähr 500 000 EUR. Der Terminkalender 2020 war bereits gut gefüllt. Der Jahresumsatz betrug zuletzt knapp über 300 000 EUR.

Zu unserem Tätigkeitsfeld gehören sowohl Kulturveranstaltungen (Konzerte, Festivals, Theater, Musical, Sport), wie auch – und das ist der größere Teil – Veranstaltungen aus dem Business-Bereich, z. B. Konferenzen, Kongresse, Messen, Hauptversammlungen und Events. Bereits seit Februar hagelt es Absagen, man kann von nahezu 100 % Umsatzausfall sprechen. Mein Mitarbeiter befindet sich seit März in Kurzarbeit.

Als die Soforthilfen für Selbständige angekündigt wurden, war ich zunächst hoffnungsvoll, dass uns unbürokratisch geholfen würde. Die erste Soforthilfe (hier in Hessen 10 000 EUR) ist auch schnell bei mir angekommen, sie deckte halbwegs die Betriebskosten für April, Mai und Juni, allerdings nicht ganz.

Für Lebenshaltungskosten darf das Geld nicht verwendet werden (hier in Hessen, in anderen Bundesländern wie z. B. BAWÜ darf ein Betrag von 1 180 EUR als Unternehmerlohn angesetzt werden). Im ursprünglichen Antragsverfahren hieß es zunächst, dass ALLE liquiden Eigen- und Fremdmittel aufzubrauchen seien, bevor man antragsberechtigt ist. Das würde also heißen, dass man komplett pleite sein muss, um etwas zu bekommen. Die Antragsfrist war ursprünglich am 31.04. zu Ende, d. h., man hätte mit Gewalt die Firma innerhalb von sechs Wochen an die Wand fahren müssen, um antragsberechtigt zu sein. Das wurde dann allerdings gestrichen.

Final sind die Bedingungen, unter denen diese Soforthilfe eventuell zurückgezahlt werden muss, in Hessen nicht definiert. So könnte es durchaus noch passieren, dass Zahlungseingänge, die aus früheren Produktionen als März stammen, voll angerechnet werden, somit also Rückzahlung droht. Momentan schwebt diese Aussicht noch wie eine dunkle Wolke über uns.

Danach kam die sogenannte Überbrückungshilfe, gedacht für die Monate Juni, Juli und August, da man aber die Soforthilfen erst nach dem 1. April in Hessen beantragen konnte, überschneidet sich der Zeitraum natürlich, insofern blieben nur die beiden Monate Juli und August übrig.

Diese Überbrückungshilfen sind an zahlreiche bürokratische Hürden geknüpft und decken im besten Fall bis zu 80 % der fixen Betriebskosten (wieder kein Lebensunterhalt). Übrigens zählen die Tilgungen der beiden noch laufenden Firmenkredite NICHT dazu. Zu beantragen über Steuerberater, Kosten dafür ca. 1 000 EUR. Maximal 3 000 EUR pro Monat waren erreichbar. Alle restlichen verbleibenden Betriebskosten und Gehälter muss man aus anderen Mitteln bezahlen.

Nun ist die Überbrückungshilfe II zu beantragen, ähnliches Verfahren, wieder nur über Steuerberater, wieder nur teilweise Betriebskosten, wieder hohe bürokratische Hürden, ein paar Konditionen haben sich zum Besseren verändert. Zu verdanken ist das der Initiative #AlarmstufeRot, die den Dialog mit der Politik gesucht hat, Landes- und Bundesdemonstrationen veranstaltet (in der Landes-Orga Hessen bin ich selbst aktiv) und ENDLICH nach vielen Monaten tatsächlich Gesprächstermine erhalten hat. Ergebnis ungewiss.

Da bei der Überbrückungshilfe als Vergleichsgröße zum Vorjahr ausschließlich der UMSATZ herangezogen wird, muss man besonders aufpassen. In Zeiten, wo keine Veranstaltungen stattfinden, haben wir das eine oder andere Installationsprojekt an Land gezogen, das heißt hoher Umsatz, geringer Gewinn. Das kann dazu führen, dass man in einzelnen Monaten den Anspruch auf volle Förderung verliert (so passiert im Oktober, statt 70 % Umsatzrückgang zum Vorjahresmonat nur 68 %, der gesamte Gewinn aus dem durchgeführten Installationsprojekt wird nun durch die reduzierte Förderung aufgefressen, somit wird Engagement auch noch bestraft).

Jetzt also die besondere versprochene Novemberhilfe. Bis zu 75 % Umsatzerstattung im Vergleich zum Vorjahresmonat. Aber leider wieder nicht erreichbar, denn als Dienstleister sind wir weder direkt durch den Shutdown geschlossen worden, noch machen wir 80 % unserer Umsätze mit jetzt geschlossenen Einrichtungen. Noch dazu müsste der Steuerberater ausrechnen, wie viel Prozent unseres Umsatzes tatsächlich auf solche Einrichtungen entfallen, das alleine wäre ein Aufwand, der ca. 2 000 EUR kostet. Ohne Erfolgsgarantie.

Das Geld der Novemberhilfe hätte zum ersten Mal zur freien Verfügung gestanden, also auch für Lebenshaltungskosten, nun wird aber wohl nichts daraus. Ein großer Etikettenschwindel, sollte doch diese Hilfe GERADE der Veranstaltungsbranche zugutekommen.

Das heißt also, dass ich persönlich inzwischen seit acht Monaten von Erspartem leben muss. Das Angebot der Politik lautet: für Lebenshaltungskosten Grundsicherung ALG 2 (Hartz IV) beantragen. Angeblich im vereinfachten Verfahren – was ich von Kollegen und Bekannten mitbekomme – es scheint alles andere als einfach zu sein. 100 Seiten Antrag können da schonmal vorkommen. Noch dazu sind die für mich erreichbaren Beträge aus der Grundsicherung völlig unsinnig, da ich nicht zur Miete wohne, sondern eine Immobilie abbezahle, und da ist es genau wie bei der Überbrückungshilfe: Zinsen ja (aktuell 16,80 pro Monat), Tilgung nein. Ich bekäme max. 432 EUR Grundsicherung, einen Teil zur Krankenversicherung, müsste meine private Rentenversicherung verlustbehaftet kündigen und darf max. 100 EUR dazuverdienen. Davon soll ich dann auch noch die restlichen

20–40 % der laufenden Betriebskosten zahlen, die nicht unter Überbrückungshilfe fallen, also ca. 1 000–1 500 EUR. Kann nicht funktionieren.

Übrigens sind auch 100 % Kurzarbeit für den Arbeitgeber nicht gleichzusetzen mit null Kosten, denn: Fällt ein Feiertag nicht auf ein Wochenende, sind das Gehalt des Mitarbeiters sowie die darauf fälligen Sozialabgaben für diesen Tag vom Arbeitgeber zu tragen. Also auch, wenn dieser Arbeitnehmer Kurzarbeit-bedingt gar nicht in der Firma erscheint, fallen trotzdem Kosten an. Vom bürokratischen Aufwand ganz zu schweigen.

Monat für Monat, Leistungsantrag, vier Seiten Papier ausdrucken, unterschreiben, einscannen, wegschicken. Und natürlich vorher exakt ausrechnen, welche Tage evtl. Feiertage waren und nicht am Wochenende.

Man kann es sich nicht vorstellen, aber genau so läuft es.

Ich könnte noch weiter ins Detail gehen, aber belasse es dabei. Wie in diesem Land mit Selbständigen umgegangen wird, die nie dem Staat auf der Tasche gelegen haben und pünktlich ihre Steuern zahlen, ist ein Skandal.

Übrigens: Der Beitrag zur Arbeitslosenversicherung beträgt gerade einmal 2,4 % vom Brutto. Das teilen sich Arbeitgeber und Arbeitnehmer. Für 28 Beitragsmonate kann man sich sozusagen einen Monat Kurzarbeitergeld 70 % leisten. Für 24 Monate KUG braucht man nur schlappe 672 Monatsbeiträge, das sind 56 Beitragsjahre. Die Arbeitslosenkasse ist leer, bei über fünf Mio. Kurzarbeitern kein Wunder. Sie wird inzwischen aus Steuermitteln finanziert. Somit alimentieren die Selbständigen mit ihren Steuern das Kurzarbeitergeld der Angestellten, während sie selbst auf Hartz IV verwiesen werden. Das soll gerecht sein?

Für die Veranstaltungswirtschaft sieht die Prognose für 2021 sehr düster aus, keiner rechnet damit, dass sich im Vergleich zu diesem Jahr am Verbot von Veranstaltungen etwas ändern wird. Somit müssten wir ein weiteres Jahr ohne Umsätze durchhalten.

In dieser Branche arbeiten ca. 1,5 Mio. Menschen, darunter sehr viele Selbständige, sie ist die sechstgrößte Branche in Deutschland mit über 130 Mrd. Umsatz. Das schafft die Lufthansa nicht.

Mit freundlichen Grüßen
J. W.

Betrifft: Artikel vom 22.10.2020, Wirkungen der Corona-Politik

Sehr geehrter Herr Müller,

ich bin 45 Jahre alt und arbeite seit einigen Jahren als Angestellte bei einer Bank in Bayern (Büro).

Seit Jahren besuche ich zweimal die Woche ein Sportstudio und nach Möglichkeit das Schwimmbad. Damit habe ich meine Schmerzen des Bewegungsapparates (Bandscheibenvorfall, Meniskusriss und Verspannungen) ganz gut im Griff. Während des ersten Lockdowns hatte ich sehr wohl Rückenschmerzen. Die Übungen, die ich sonst im Sportstudio mache, haben, zu Hause ausgeübt, die Schmerzen verstärkt. Vermutlich, da dort die Bodenbeschaffenheit anders ist.

Kurz vor dem zweiten Lockdown wurde die Maskenpflicht ausgeweitet. Am 19.10. kam von der Personalabteilung eine Mail mit der Bitte, nun auch bei Verlassen des Büros einen MNS zu tragen. Ich habe meinen Abteilungsleiter informiert, dass ich keinen tragen könnte, da ich darunter keine

Luft bekomme. Ich hatte schon mehrmals Probleme damit. Daraufhin verständigte ich die Personalabteilung, dass ich schon mehrmals mit Maske kollabiert sei. Die Antwort lautete: »Wir bitten Sie, sich weitestgehend in Ihrem Büro aufzuhalten und es nur, wenn es dringend nötig sei, dieses zu verlassen.« Tags darauf kam der Abteilungsleiter ins Büro und meinte, dass Kollegen vor mir Angst hätten, und forderte die Kollegin, die das Büro mit mir teilt, auf, Botengänge für mich zu erledigen. Ich solle im Büro bleiben, auf die Toilette dürfe ich noch!

Weder der Abteilungsleiter noch die Personalabteilung haben nach einem Attest gefragt! Am Mittag beschloss ich, ein Schlauchtuch zu verwenden. Das kann ich so weit über die Nase ziehen und einrollen, dass es weit absteht und ich fusselfrei atmen kann. Meinem Abteilungsleiter habe ich vorgeworfen, dass Einsperren Diskriminierung sei. Meines Erachtens liegt der Tatbestand der Nötigung (zum Maskentragen) und der Diskriminierung aufgrund körperlicher Beeinträchtigung vor. Der Abteilungsleiter geht mir seitdem aus dem Weg ;-)

Freundliche Grüße
Christina

»Im Grunde kann ich jetzt Flaschen sammeln gehen« – Ein Interview mit dem DJ und Konzertveranstalter Benny Ruess[7]

Unter dem Motto »Die im Dunkeln sieht man nicht« sammeln die NachDenkSeiten zurzeit Erfahrungen und Sichtweisen von denen, die unter den Corona-Maßnahmen am stärksten leiden und deren Schicksale in der medialen und politischen Debatte kaum Beachtung finden. Dazu gehört vor allem die Musik- und Clubszene. NachDenkSeiten-Redakteur **Jens Berger** hatte die Gelegenheit, sich dazu mit dem Hamburger DJ und Konzertveranstalter **Benny Ruess** zu unterhalten. Seine Schilderungen sind niederschmetternd und die Prognose lässt wenig Hoffnung auf ein Licht am Ende des Tunnels.

Hallo Benny. Da die meisten NachDenkSeiten-Leser sicher nicht zur norddeutschen Club- und Indie-Szene gehören, sollten wir Dich erst einmal vorstellen. Zusammen mit Marco Flöß hast Du 2001, also vor fast 20 Jahren, das Projekt »Revolver Club« ins Leben gerufen, das seitdem in Hamburg und im norddeutschen Raum eine feste Größe für tanzfreudige Fans der Indie-Musik ist. Mehrfach im Monat habt ihr in wechselnden Clubs unter eurem Label aufgelegt oder kleine Konzerte veranstaltet. Und dann kam Corona. Der letzte Termin auf eurer Internetseite ist der 22. März. Hattest Du damals gedacht, dass die unfreiwillige Pause so lange dauern wird?

In meinen kühnsten Träumen hatte ich damals nicht damit gerechnet. Die Veranstaltung vom 22. März wurde ja auch

---

7 https://www.nachdenkseiten.de/?p=66321

schon eine Woche vorher gecancelt. Dann brach Tag für Tag die Planung für den Rest des Jahres zusammen.

Hattet ihr seitdem irgendwelche Auftritte?
Nein, durch den Lockdown waren Soloselbstständige in der Musik-Veranstalterbranche wie ich ja eh mit die ersten, die komplett alles runterfahren mussten. Im März war aber für die Branche noch nicht abzusehen gewesen, dass die Pandemie in dieser drastischen Form noch länger als August vorhalten würde. Darum hatte ich, wie auch viele andere in der Kultur- und Veranstaltungsbranche, erstmal die Füße stillgehalten.

Du betreibst Deinen Job ja als Selbstständiger. Wenn ich mir Deinen alten Veranstaltungskalender so anschaue, würde ich schon schätzen, dass man davon auch gut leben kann. Und von einem Tag auf den anderen war Lockdown und die Clubszene ist seitdem ja durch die fortlaufenden Maßnahmen im Grunde klinisch tot. Brachen damit für Dich auch von einem Tag auf den anderen sämtliche Einnahmen weg?
Absolut, da war dann plötzlich absolut nichts mehr da. Man ist über Nacht von hundert auf null runtergefahren worden. Ich hatte diverse Veranstaltungen und Events schon geplant, ebenso Touren für kleine Bands. Für diverse andere Veranstaltungen hatte ich schon Vorauslagen gemacht. Ich glaube, nur wenige Branchen sind so hart und eiskalt erwischt worden. Zur Krönung hatte ich als Freelancer u. a. aufgrund der Pandemie auch noch meinen zweiten Job als Event-, Guest- und Industry-Liaison-Manager bei einem britischen Music College im August hier in Hamburg verloren und kann jetzt eigentlich im Grunde Flaschen sammeln gehen.

Daher war ich zu Beginn der Pandemie auch schon über einige Reaktionen in meinem Umfeld bestürzt, die nicht gerade

Ausdruck von Solidarität und Empathie waren. Da wurde man tatsächlich gefragt, warum man denn nicht mal ein bis zwei Jahre von Rücklagen leben könne. Ich frage mich: Welche Rücklagen denn bitte? Ich habe keine, die das auffangen können.

Es gab leider sogar Menschen aus der Musikbranche, die sich in einer finanziellen Komfortzone mit Eigenheim und beruflich abgesicherten Job befinden, die mir glatt vorwarfen, ich solle mich bitteschön in meiner Not nicht in eine Art »Opferrhetorik« verfangen. Das hatte mich sehr erschrocken, war sehr ernüchternd und traurig.

Bereits im März rühmte sich Finanzminister Scholz damit, die »Bazooka« ausgepackt zu haben und Geldmittel in einem so noch nie gesehenen Umfang zu mobilisieren, um die Folgen der Corona-Krise abzufedern. Die Lufthansa bekam Milliarden. Hast Du, als wirtschaftlich besonders hart Betroffener, von diesen Hilfen irgendetwas gesehen?

Na ja, ehrlich gesagt hatte man sich im März bis Ende Juni weniger Sorgen gemacht und, wie eben schon erwähnt, die Füße stillgehalten, da Olaf Scholz ja auch gerade in Bezug auf die Soloselbstständigen Ende März noch vollmundig verkündete, dass ja Geld für alle da sei. Gerade als man schon zu Beginn der Pandemie z. B. einem total gesunden Konzern wie Adidas über drei Milliarden Euro hinterherschmiss und auch die Lufthansa rettete, dachte man sich doch: Ok, da wird für uns doch, zumindest was eine Existenzsicherung anbelangt, sicher was übrig bleiben. Unser Hamburger Kultursenator Carsten Brosda, den ich übrigens sonst sehr schätze, wiederholte ja noch im Juni, dass man seine Soloselbstständigen in Hamburg nicht fallen lasse. Angeblich soll es damals schon Rettungsprogramme gegeben haben, die auf die Bahn gebracht werden sollten. Seitdem hat sich aber nichts mehr getan. Angeblich soll es dann aber einen Maulkorberlass gegeben haben, aber das sind nur Gerüchte, die ich nicht beweisen kann. Carsten Brosda vermittelte mir zumindest aber den Eindruck, dass er für uns kämpft. Aber anscheinend ist er doch etwas alleine auf verlorenem Posten.

Welche konkreten Hilfen hast Du bekommen?
Nun, ich hatte zu Beginn der Pandemie im März einmal 4 000 Euro Soforthilfe bekommen, die aber damals auch nur für die Zeit von März bis Juni gelten sollte. Mehr konnte ich auch nicht nachweisen, aber das war natürlich erstmal besser als nichts. Andere waren da schlauer und haben ihre Zahlen gleich recht hoch angesetzt, aber ich wollte da lieber ehrlich bleiben. Dann gab es in Hamburg nochmal im August so eine »Neustartprämie« von 2 000 Euro, was aber nicht mal einen Tropfen auf den heißen Stein bedeutete. Seitdem kam nichts mehr: Pustekuchen. Da ich verheiratet bin und meine Frau als Palliativ-Kinderkrankenschwester angeblich noch zu viel verdient, bekomme ich gar nichts mehr. Kein Wohngeld, keine Krankenversicherung, kein Hartz IV, absolut nichts. Ich glaube, den meisten Politikern ist überhaupt nicht klar, wie diese Branche funktioniert und dass sie zum nicht unerheblichen Teil von Soloselbstständigen und Freelancern getragen wird. Da sieht man jetzt aktuell gerade wieder, wie weltfremd da aktionistisch von Seiten der Politik agiert wird.

Hast Du Vergleiche, wie es in anderen Ländern aussieht?
Was mich am meisten befremdet, ist die Tatsache, dass in den meisten westeuropäischen Nachbarländern die Existenz-Grundsicherung für die Soloselbstständigen in der Kulturbranche viel besser funktioniert hat als hier. Durch meine Arbeit als Booker bin ich natürlich ganz gut vernetzt und ich

musste nach Gesprächen mit meinen Kollegen in den Niederlanden, Skandinavien, Spanien, England, Frankreich, Österreich und der Schweiz zu meinem Erstaunen feststellen, dass dort schon ab April ein monatliches Existenzgeld für jeden in unserer Kultur-Branche bereitgestellt worden ist. Klar, das ist auch nicht so viel, aber man schlittert nicht unverschuldet in höchst prekäre Verhältnisse. In Österreich bekommt man z. B. 1 100 Euro monatlich ausgezahlt. Damit kann man wenigstens erstmal seine Miete und die Krankenversicherung zahlen. Noch besser sieht es in Großbritannien, den Benelux-Ländern und Skandinavien aus. In Hamburg hat Rockcity gerade ein neues Programm auf die Bahn gebracht, was sich aber leider als sehr kompliziert und schwer umsetzbar herausgestellt hat, um irgendwelche Gelder zu bekommen, dass da auch für mich irgendwas groß abfallen könnte. Ich meine, wie soll ich z. B. in einem »Lockdown Light« ein Streaming eines Konzerts und einer DJ-Performance machen? Das Equipment und die räumlichen Möglichkeiten dafür habe ich doch gar nicht.

Das wurde leider nicht zu Ende gedacht. Aber ich hoffe, dass da eventuell schnellstmöglich nochmal nachgebessert wird. So macht das jedenfalls keinen Sinn und ich kann den Unmut einiger Kollegen schon verstehen. Andererseits ist es sehr gut, dass die Branche der soloselbstständigen Musiker, Stagehands, Techniker, DJs, Bühnenbauer und Booker solche Fürsprecher wie Rockcity hier in Hamburg immerhin noch hat. Die Vorsitzende Andrea Rothaug kämpft da gerade verbissen mit der Politik, denen sie erstmal die Strukturebene im Live- und Clubgeschäft beibringen musste. Das ist schon beachtenswert.

Wie sieht es bei Deinen Kollegen in der Branche aus?
Viele der kleinen Agenturen, die ich kenne, haben Personal verkleinert, gekündigt oder sind auf Kurzarbeit gegangen. In

anderen Bundesländern haben andere, die ich kenne, wiederum bessere Hilfspakete bekommen. Das ist ja auch so ein Punkt, der mich gerade total befremdet, dass hier jedes Bundesland diesbezüglich anscheinend macht, was es will.

Und wie ergeht es den zahlreichen Menschen, die im Umfeld der Clubszene tätig sind? Das sind ja oft Jobber, die sich hinter der Theke oder an der Tür ein paar Euro dazuverdienen und ohnehin finanziell nicht eben auf Rosen gebettet sind.
Die stehen ebenfalls ohne irgendeine Perspektive da. Man vergisst immer, wie viele Studenten sich alleine in diesem Land durch genau die von dir genannten Jobs ihr Studium finanzieren. Ich glaube, auch das hat die Politik noch gar nicht so richtig realisiert.

Kannst Du auch die Folgen des kulturellen Dauer-Lockdowns für die in diesem Feld tätigen Unternehmer kurz beschreiben, also für die Betreiber der Clubs und für Party- und Eventveranstalter? Wie viele Clubs mussten schon die Pforten dauerhaft schließen und was schätzt Du, wie lange es dauern wird, bis die übrigen auch die Fahnen streichen müssen?
Nun, ich kann da nur für die Situation in Hamburg sprechen, aber da sind bzgl. der Hilfe an die Clubs schon einige Summen in Bewegung gesetzt worden. Es gibt da nur ein Problem: die Verteilung. Ich glaube, die Verantwortlichen in der Kulturbehörde dachten, wenn das Geld an die Clubs und die großen Agenturen geht, werden die das schon irgendwie fair verteilen, was aber nicht passiert. Die bekommen immerhin etwas, um ihre Mieten und die paar Angestellten zahlen zu können. Die Protagonisten, die viele Acts und progressiven Content in die Clubs bringen, die ja nun mal oft Freelancer sind, gehen

leer aus. Ich empfinde das derzeit leider etwas als eine Art Zweiklassen-Verteilung und das zeigt mir nur auf, wie schlecht es derzeit um ein Miteinander und die Solidarität bestellt ist. Über die mir bekannten Musiker, die nicht irgendwelche Rücklagen haben und die nicht die Möglichkeit haben, irgendwo bei großen Künstlern unterzukommen, braucht man gar nicht reden. Da kenne ich viele, die schon kurz davor sind, den Beruf aufzugeben und sich beruflich völlig neu zu orientieren. Ich denke, viele Clubs und Bars wird es spätestens Ende 2021 in Deutschland nicht mehr geben, wenn nicht schnellstmöglich flächendeckend ein Existenz-Grundeinkommen eingeführt wird, solange der Pandemie-Status anhält.

Was mir wirklich in den letzten Wochen und Monaten fehlte, sind die gegenseitige Solidarität und das Zusammenrücken. Ok, da gab es diese Demos in Berlin. Aber als ich bei der ersten Demo, auf der ich war, dann Herbert Grönemeyer hörte, der auch nur wohlfeil politisch korrekte Phrasen drosch, ließ mich das ziemlich desillusioniert zurück. Mich wundert auch, dass immer noch so wenig von der Musikindustrie kommt und sich keiner der großen Major-Labels mal öffentlich meldet. Ebenso die ganz großen Stars. Wo sind die alle?

Da mussten doch glatt sieben Monate ins Land ziehen, dass »Die Ärzte« in den Tagesthemen auftauchten und dem gemeinen Volke erklärten, wie prekär die Situation aktuell im Lande der »Dichter und Denker« für die Kulturschaffenden ist. Dass die dort u. a. ihre neue Scheibe dazu promoten wollten, geschenkt … Leider ist das fast schon zu spät und ich bin erschrocken, wie viele der großen Künstler sich immer noch wegducken. Haben die alle Angst, man könne sie in die Querfrontler- oder Aluhut-Ecke stellen, oder wie?

Außer z. B. Peter Maffay und Jule Neigel hatten bisher leider viel zu wenige den Schneid, mal kräftig auf die Alarm-

Pauke zu hauen. Ebenso hätte ich erwartet, dass von den Parteien, denen ich eigentlich am nächsten stehe, Linke und Grüne, Unterstützung und solidarische Oppositionsarbeit kommen, um die Kultur- und Veranstalterbranche mit guten Konzepten zu retten. Aber da kam in meiner Wahrnehmung bisher außer leeren Worthülsen gar nichts. Das ist für mich eine der größten Enttäuschungen gewesen, stattdessen überließ man dem braunen, pöbelnden Abfallgerümpel der Volksparteien, der AfD, das Oppositions-Feld.

Noch im Sommer war ja die Rede davon, dass zumindest Konzerte und bestimmte Veranstaltungen wieder stattfinden können sollten, wenn die Betreiber bestimmte Hygienekonzepte erarbeiten. Wie realistisch sind solche Konzepte und sind sie auf die Clubszene überhaupt übertragbar?
Nein, wenn man den derzeitigen Status quo betrachtet, war von Anfang an nichts wirklich kostendeckend umsetzbar. Ohne Subventionen ging und geht doch absolut nichts mehr. Man hatte ja z. B. das Reeperbahnfestival im September künstlich hochgejuxt, was in meinen Augen ein reines Politikum war, um nach außen der Bevölkerung zu zeigen: »Hallo, wir leben noch!« Das war sicher gut gemeint, aber im Nachhinein betrachtet war das meiner Meinung nach doch das total falsche Signal gewesen. Ich habe ja auch Konzepte für den kommenden Winter entwickelt, die ich »open air« umsetzen will. Zum Beispiel »Revolver Club On Ice«, wo unter Hygieneauflagen, gerne dann auch mit Maske, die Leute individuell zu zweit zu guter Musik auf Schlittschuhen auf einer sehr großen Eisbahn rumkurven können. Sollte der jetzige Lockdown verlängert werden und die Personenbeschränkungen weiter gelten, sind leider auch diese Pläne völlig obsolet.

Wenn wir von Musik und der Clubszene sprechen, geht es ja beileibe nicht nur ums Geld. Eure Veranstaltungen sind ja auch ein soziales Event, auf dem die Menschen Spaß haben, miteinander kommunizieren, sich kennen- und lieben lernen, Frust abbauen und vor dem oft tristen und grauen Alltag fliehen. Das alles ist nun nicht mehr möglich. Sind dies die Kollateralschäden einer Politik, die sich nur noch um Infiziertenzahlen und Containment zu drehen scheint?

Ich glaube, es fällt immer noch ganz vielen schwer, sich einzugestehen, dass Kultur in diesem Land einfach keinen Wert mehr hat. Wie anders ist es denn zu erklären, dass im Ausland die Hilfsprogramme ganz anders, konstruktiver und wesentlich besser anlaufen? Von Schweden und Dänemark will ich ja gar nicht erst reden, wo man als Musiker und Musikschaffender einen höchst anerkannten und großartig geförderten Beruf hat. Man muss dieser Tage schon echt aufpassen, sich in seiner Ohnmacht und Verzweiflung nicht in irgendwelchen Verschwörungstheorien zu verlieren, denn dass Musik und Kultur tatsächlich so minder für den sozialen und geistigen Wert einer Gesellschaft wertgeschätzt werden wie derzeit in Deutschland, das ist schon sehr verstörend und niederschmetternd.

Ich habe das Ganze nach meinem Studium ja eh immer nur aus Liebe zur Musik und den Tönen gemacht und nie aus irgendeinem Geschäftsinteresse, um viel Geld zu verdienen. Man macht sowas aus Liebe zu einer Kulturszene, das war auch schon vor 20 Jahren so. Mir hat dieses Zusammengehörigkeitsgefühl einer vom Aussterben bedrohten Subkultur immer sehr viel gegeben und mein Leben erfüllt.

Die Politik verfällt aber derzeit in einen merkwürdigen Aktionismus ohne klares Ziel, mit der Hoffnung, dass der heilige Impfstoff dann im Frühsommer 2021 wie Manna vom Himmel fällt. Wie soll das denn alles weitergehen?

Nein, ich will auch gar nicht über die zweifellos hohe Gefährlichkeit des Corona-Virus diskutieren, sondern suche verzweifelt einen Ausweg, wie man halbwegs heil und miteinander solidarisch und sozial aus der ganzen Sache herauskommt. Ich glaube nämlich, die sozialen Schäden und seelischen Vereinsamungen, die eine Folge der aktuellen, völlig empathielosen Politik sind, werden um ein Vielfaches höher als die Toten sein und das kann einem schon Angst machen. Gerade in einer Gesellschaft, die durch die letzten 20 Jahre medial verursachten Gehirnverschmutzungsorgien, im Netz und TV, extrem borniert, infantil und verroht geworden ist, ist unsere Demokratie, oder was von ihr noch übrig ist, im höchsten Maße gefährdet.

Was mich beängstigt, ist, dass es vor allem aus den Reihen der »Lockdown-Fraktion« einen gewissen Pietismus gibt. Alles, was als unvernünftig gilt, steht als Erstes auf dem Prüfstand. Und dazu gehören Alkohol, Singen, Tanzen und zwischenmenschliche Kontakte, also alles, was eine gute Party ausmacht. Ist das der Beginn einer neuen Periode der Enthaltsamkeit?

Ich glaube, das führt zu einer noch größeren empathielosen Verrohung und sozialen Behinderung einer Gesellschaft. Man sieht doch schon jetzt in den sozialen Netzwerken, wie vergiftet der Ton geworden ist. Im Zweifel für den Zweifel ist nicht angesagt. Du bekommst schneller den Stempel des Verschwörungstheoretikers aufgedrückt und den Aluhut aufgesetzt, als es dir lieb sein kann. Das stimmt mich schon sehr nachdenklich und traurig. Die Diskurskultur, die einst ein großes Gut in diesem Lande war, die ist völlig im Eimer.

Kommen wir zu den konkreten Maßnahmen zurück. Was würdest Du von der Politik fordern und was würdest Du

Dir von der Gesellschaft wünschen, um euch Kulturschaffenden die nötige Wertschätzung zukommen zu lassen?

Ich glaube, uns soloselbstständige Musiker, DJs, Booker, Techniker, Stagehands etc. kann jetzt nur ein Grundeinkommen, solange der Status der Pandemie anhält, retten. Diese Erkenntnis konnte man eigentlich schon zu Beginn der Pandemie haben, und so etwas wurde in einigen Ländern in der EU ja auch umgesetzt. Ich glaube, viele Politiker haben völlig verlernt, den Wert der Kultur und Subkultur zu schätzen. Gerade auch was eine progressive und soziale Entwicklung einer Gesellschaft anbelangt, waren diese Bewegungen in der Geschichte doch immer maßgeblich befruchtend, progressiv und zielführend. Die Politik muss schnell erkennen, dass diese Kultur eines der größten und erhaltenswerten Güter dieses Landes ist und eben nicht nur der industrielle Standort der Automobil-, Pharma- und Waffenindustrie.

Die Maßnahmen werden mit den Fallzahlen begründet. Mir persönlich fehlt die Phantasie, mir vorzustellen, dass diese Fallzahlen vor dem nächsten Frühjahr zurückgehen und selbst das von der Politik als Licht am Ende des Tunnels beschriebene Warten auf den Impfstoff kann – mit allen Risiken und Nebenwirkungen – ja ein sehr langes Warten werden. Für die Kulturszene und vor allem für die Clubszene sind dies ja rabenschwarze Aussichten. Lass es mich mal zynisch ausdrücken – hast Du schon umgesattelt?

Ich habe sogar die Befürchtung, dass die Leute selbst bei einer Öffnung der Clubs und Kulturorte dann irgendwann nicht mehr so zurückströmen werden. Vielleicht sitzt die Angst bei einigen mittlerweile so tief, dass ihnen am Ende so eine Art der Party- und Livekultur gar nicht mehr fehlt. Man hat es sich vielleicht in seiner infantilen Komfortzone zwischen Job und Netflix bequem gemacht und vermisst nichts mehr. Das wäre wirklich höchst fatal und definitiv eine historische Zäsur in der Gesellschaft.

Vielen ist derzeit doch noch gar nicht klar, dass es mindestens 30 % der Bands und Künstler nicht mehr geben wird, wenn das so weiter geht. Keine kleinere Band kann das überleben.

Ich mache im Augenblick noch verzweifelt weiter, renne wie Don Quijote gegen die Windmühlen an und hoffe, dass mit Herstellung von Öffentlichkeit wieder etwas mehr Wertschätzung und Bewusstsein für die Kunst und Kultur entstehen wird. Auch nach Corona. Dazu will ich meinen kleinen bescheidenen Beitrag leisten. Dass die Leute sich vergegenwärtigen, dass was Essenzielles für die Gesellschaft gerade fehlt. Diese Dinge, die immer so selbstverständlich da waren, und sie eben nicht so einfach entbehrlich sind. Da will ich ein Bewusstsein und Solidarität für uns alle entfachen.

Was mich anbelangt, schlage ich mich in schlaflosen Nächten schon mit dem Gedanken herum, was völlig anderes machen zu müssen. Die Verschuldung wird nicht kleiner und die Einschläge kommen ja Tag für Tag näher, aber bis Anfang Dezember habe ich mir noch eine persönliche Frist gesetzt. Wenn sich bis dann am derzeitigen Status quo in der Kultur-Politik nichts geändert hat, muss ich wohl auch die Reißleine ziehen.

Hoffen wir, dass solche »Erfahrungsberichte von der Front« auch von der Politik wahrgenommen werden und man erkennt, dass Kultur mehr als eine Nebensache ist, die man zur Not zur Disposition stellen kann. Benny Ruess, wir danken Dir für das Gespräch.

III. Vier Beiträge aus den NachDenkSeiten, die von Beginn an dazu rieten, die Folgen zu bedenken

Schon von Anfang an kreisen unsere Gedanken und Texte um die vernachlässigten Folgen der Corona-Politik. Der erste Artikel erschien eine Woche nach den Beschlüssen der Bundesregierung und der Landesregierungen vom 22. März. In diesem Text ist detailliert darauf aufmerksam gemacht worden, welche gravierenden Folgen die aus unserer Sicht engstirnige Politik der Bundeskanzlerin und der Ministerpräsidenten haben werden.

Am 7. April und dann am 29. April wurde das Thema von Anette Sorg und Albrecht Müller vertieft. Am 6. Juli beschrieb Jens Berger die Folgen für den Pflegebereich. In vielen anderen Beiträgen ging es ebenfalls um die weitreichenden Folgen. Immer hatten wir auch im Blick, was besser zu machen wäre.

Wer NachDenkSeiten gelesen hat und liest – das wird auch hieran deutlich –, ist umfassender, besser und differenzierter unterrichtet. Es folgen die vier Texte.

1. April 2020 von Albrecht Müller

In diesen Zeiten ein Aprilscherz, wie bei den NachDenk-Seiten üblich? Die NachDenkSeiten-Redaktion ist gespalten. Die Lösung ist ein Zwitter und in jedem Fall die Forderung nach einer Revision der Corona-Politik[8]

Redaktionelle Vorbemerkung:

Das Folgende ist eine gekürzte Fassung. Teil A war ein Rückblick ohne Bezug zu Corona. Im Teil B habe ich mich in die Rolle des Kanzleramtschefs versetzt. Aus neun Jahren Tätigkeit als Abteilungsleiter im Bundeskanzleramt und als regelmäßiger Teilnehmer an der morgendlichen Lagebesprechung kenne ich die Funktion des »Chef BK«, wie es damals hieß und heute heißt. Der Text ist ein humoristisches Stück, das als Meldung zum 1. April 2020 gedacht war und damals den ernsten Hintergrund hatte, dass die Folgen der Corona-Politik äußerst mangelhaft bedacht worden waren und werden. Die Beschreibung der Folgen habe ich in die Fiktion gepackt, der Kanzleramtschef sei damals schon zur Einsicht gekommen, habe viele der schädlichen Folgen erkannt und Vorschläge zur Heilung aufschreiben lassen und an die Bundeskanzlerin weitergegeben. Hier also nun der Text von Teil B dieses Artikels vom 1. April:

---

8   https://www.nachdenkseiten.de/?p=59830

Kanzleramtschef bedauert die mangelnde Abwägung und lädt die Ministerpräsidenten/innen zu einer Revision der am 22. März getroffenen Entscheidungen ein

Wegen meiner früheren Tätigkeit als Leiter der Planungsabteilung im Bundeskanzleramt habe ich immer noch Kontakte in die dortige Administration. Von dort ist mir ein sogenannter Schnellbrief des Kanzleramtschefs zugespielt worden. Er stammt von heute Nacht: 1. April 0:05 Uhr. Chef BK Helge Braun bedauert, dass er bei der Videokonferenz am vorletzten Sonntag ein wichtiges Papier in seiner Jackentasche vergessen habe. Dieses Missgeschick habe auch etwas damit zu tun, dass die Bundeskanzlerin selbst in Quarantäne und er deshalb überlastet sei. Im nicht beachteten »Kanzleramtspapier« wird im Kern darauf aufmerksam gemacht, dass es neben den viel zitierten Experten für die Viren auch Experten für die Analyse und Prognose der Folgen der zutreffenden und inzwischen getroffenen Entscheidungen für die Wirtschaft, für die Gesellschaft und vor allem für die Menschen, ihre Psyche und ihre Beziehungen gebe. Die Erkenntnisse beider Experten-Gruppen müsse man gegeneinander abwägen. Und das sei bisher nicht geschehen. Wir geben im Folgenden den NachDenkSeiten-Leserinnen und -Lesern wesentliche Teile des Schnellbriefs und des darin enthaltenen »Kanzleramtspapiers« zur Kenntnis.

Schnellbrief des Chef-BK Helge Braun an die Ministerpräsidenten/innen und die zuständigen Bundesminister/innen vom 01.04.2020

Verehrte Kolleginnen und Kollegen,

nach Rücksprache mit der in Quarantäne befindlichen Bundeskanzlerin lade ich Sie zu einer Videokonferenz am kommenden Samstag, den 4. April um 14:00 Uhr ein. Thema und Anlass des dringlichen Gesprächs wird die sachliche und zeitliche Revision unseres Beschlusses vom Sonntag, den 22. März sein. Jenem Beschluss lag ja ohnehin die Vorstellung zugrunde, dass wir 14 Tage nach Gültigkeit der einschneidenden Leitlinien zur Beschränkung sozialer Kontakte die Gültigkeit dieser Leitlinien überdenken wollen. Wir sollten jedoch nicht nur überdenken, wie lange die verfügten Beschränkungen gelten sollten, wir sollten auch überprüfen, ob die Beschränkungen in der getroffenen rigorosen Form wirklich sachlich gerechtfertigt sind.

Diese Bedenken wollte ich eigentlich schon bei unserer Videokonferenz am 22. März zur Sprache bringen. Ich hatte jedoch wegen der Quarantäne der Bundeskanzlerin und der damit verbundenen Arbeitsüberlastung versäumt, ein von mir in Auftrag gegebenes »Kanzleramtspapier« in unser Videogespräch einzubringen. Aus diesem zitiere ich hier die entscheidenden Passagen:

Die Bundeskanzlerin hatte bei ihrer Fernsehansprache am 18. März zur Epidemie angemerkt, alles, was sie dazu zu sagen habe, komme »aus den ständigen Beratungen der Bundesregierung mit den Experten des Robert-Koch-Instituts und anderen Wissenschaftlern und Virologen«. – An dieser Äußerung wie auch aus gleichzeitigen Äußerungen zum Beispiel der rheinland-pfälzischen Ministerpräsidentin Malu Dreyer wird sichtbar, dass sich die maßgeblichen Personen von Bundesregierung und Landesregierungen bei ihrer so wichtigen Entscheidung zur Beschränkung sozialer Kontakte auf »Experten« berufen haben. Das waren jedoch nur die Experten für Virologie. Die »Experten« für die Folgen der Entscheidungen für die Menschen, für ihre sozialen Beziehungen, für die Kinder, für die Familien und für die Gesellschaft als Ganzes und die zu erwartenden großen Brüche kamen nicht zur Sprache. Sie sollten aber bei den Beratungen am 22. März bedacht werden.

Andernfalls werden Bundesregierung und Länderregierungen Entscheidungen treffen, die für unsere Gesellschaft gefährlich werden können, genauso, möglicherweise mindestens genauso wie die weitere Verbreitung des Corona-Virus. Deshalb wird in diesem »Kanzleramtspapier« der Akzent auf die Betrachtung dieser gesellschaftlichen, menschlichen und auch ökonomischen Folgen jenseits der makroökonomischen Betrachtung gesetzt.

I. **Die vorgesehenen Regulierungen sind teilweise ausgesprochen widersprüchlich und erscheinen schon deshalb als willkürlich.**

a. Wenn ein Lebensmittel-Supermarkt und ein danebenliegender Baumarkt weiter betrieben werden dürfen, aber der dazwischenliegende Blumenladen nicht, dann wird augenscheinlich, wie absurd das ist. Baumarkt und Lebensmittel-Supermarkt verkaufen schon am Eingang und nunmehr vermehrt Blumen, Blumenerde und Samen. Das Blumengeschäft muss schließen. In ähnlicher Weise gilt das für den Vergleich von Baumärkten und Möbelmärkten. Möbelmärkte und viele andere Geschäfte, die unter den einschneidenden Maßnahmen leiden, weil sie geschlossen werden müssen, sind oft weitläufiger und damit besser geschützt gegen engen Kontakt von Menschen als Supermärkte und Baumärkte.

b. Wenn Kinder sich in einem Kindergarten treffen, und Grundschüler in den Schulen, dann ist das nicht maßgeblich gefährlicher für die Weiterverbreitung des Corona-Virus als die gemeinsame Arbeit der meisten Arbeiter und Angestellten, am Fließband oder die

166

gemeinsame Fahrt von Handwerksmeister und Gesellen im Firmenwagen zur nächsten Baustelle. Usw.

c. *Wenn Menschen sich in einem Gasthaus treffen, das groß genug ist, um Distanz zwischen den Gästen zu wahren, dann ist nicht einzusehen, warum der Betrieb eingestellt werden muss. Hier könnte man differenzierter vorgehen.*

d. Dass zum Beispiel die Universitäten lahmgelegt worden sind, zeugt davon, dass schlecht abgewogen worden ist. Usw.

2. **Die Verantwortlichen in Bund und Ländern haben die weitreichenden Folgen nicht bedacht.**

a. Es ist nicht bedacht worden, welche Folgen die Kontaktbeschränkung für unsere Kinder und Familien haben wird. Siehe dazu »Exit-Strategien: Maßnahmen für Kinder sollten schnellstens überdacht werden«, NachDenkSeiten vom 1. April 2020.

b. Es ist nicht bedacht worden, dass die Kontaktsperre zwischen Enkeln und Großeltern oder generell zwischen Familien und älteren Familienangehörigen das seelische und emotionale Wohlbefinden dieser älteren Personen gravierend und damit gesundheitsschädigend belasten wird. Unmenschliches Leiden, Alleinsein beim Sterben wird an der Tagesordnung sein.

c. Es ist auch nicht bedacht worden, dass die meisten sozialen Einrichtungen die verfügte Abschottung älterer Menschen in der ausgedachten Weise nicht zu bewältigen vermögen. Uns liegen erste Schilderungen konkreter Fälle vor, die Schlimmes ahnen lassen.

d. Die psychischen Folgen waren offensichtlich überhaupt nicht im Blick der sogenannten Experten. **Es ist nicht bedacht worden, dass die Maßnahmen die wirt-**

schaftlich und finanziell Schwächsten besonders hart treffen werden. 25 % der Haushalte haben ein negatives Nettogeldvermögen, also mehr Schulden als »mobiles« Vermögen. Das bedeutet grob gerechnet, dass jeder Vierte finanziell gefährdet ist, wenn das Einkommen wegbricht oder deutlich verringert wird. Vermutlich wird noch ein beträchtlicher Anteil von Menschen, die zwar Nettovermögen haben, zum Beispiel eine Eigentumswohnung, aber daraus kein Einkommen ziehen können, um Verluste beim Arbeitseinkommen zu überbrücken, direkt in finanzielle Schwierigkeiten kommen. Eine vermutlich beträchtliche Zahl wird sogar Immobilien verkaufen müssen. Oder Aktien verkaufen müssen, falls sie den Ratschlägen der Börsen-Frau der ARD, Anja Kohl, gefolgt sind. Wer hingegen finanzielle Reserven hat, kann den Stillstand der ökonomischen Tätigkeit überbrücken.

e. Es ist nicht bedacht worden, dass die Vermögenden sich infolge der erzeugten Krise mit Schnäppchen, die die finanziell Schwachen verscherbeln müssen, bedienen können. Die üppig Vermögenden werden sich unter den Nagel reißen können, was an Notverkäufen auf den Markt kommt. Die ohnehin schon beklagenswert miserable und unfaire Verteilung der Vermögen wird damit noch unfairer und ungerechter werden.

f. Es ist nicht bedacht worden, dass die wirtschaftlichen Folgen nicht nur makroökonomischer Natur sind, wie das in der Berichterstattung über das Sondergutachten des Sachverständigenrates zum Beispiel sichtbar wurde. Die Struktur der Produktionsbetriebe und Dienstleistungen wird nachhaltig verändert werden und am Ende anders, nicht besser, aussehen. Mehr Konzentration, weniger Vielfalt und wahrscheinlich weniger Wettbewerb.

g. Es ist nicht bedacht worden, dass die getroffenen Maßnahmen vermutlich den Ausverkauf der Deutschland AG beschleunigen werden. Nutznießer werden die Heuschrecken und Geistesverwandte sein – einschließlich ihrer Repräsentanten in der Kandidatenliste für den CDU-Vorsitz, namentlich Friedrich Merz. Dass ein (ehemaliger) Aufsichtsratsvorsitzender von BlackRock wie Friedrich Merz es überhaupt wagen kann, in Deutschland den Vorsitz der größten Partei anzustreben, zeugt davon, wie sehr diese großen und mächtigen Interessen in Deutschland in die Politik verwoben sind. Das ist auch eine Erklärung dafür, dass das Schicksal der Nicht-Vermögenden und der vielen Menschen mit Schulden bei der Planung und Konzipierung der Maßnahmen von Bund und Ländern nicht bedacht worden ist.

h. Bei der Planung der die Entscheidung von Bund und Ländern begleitenden wirtschaftlichen und finanziellen Hilfen ist mit Sicherheit nicht bedacht worden, dass die großzügig aussehende Verteilung von Milliarden unter den deutschen Unternehmen der politischen Korruption und dem Einsatz von Vitamin B in unglaublicher Weise die Schleusen öffnen wird. Welche »Experten« haben die Regierenden bei der Abwägung der verschiedenen Folgen herangezogen? Vermutlich keine. Virologen alleine reichen nicht für eine sachgerechte Abwägung und für die Prüfung der Verhältnismäßigkeit der eingesetzten Maßnahmen.

Fazit: Bundesregierung und Länderregierungen müssten möglichst schnell darüber beraten, welche Konsequenzen sie aus der bisher unbedachten Kon-

zeption im Umgang mit dem Corona-Virus und den damit verbundenen Folgen ziehen. Konsequenzen müssten zum Beispiel sein:

- Revision bei der Frist: Die Lahmlegung von Wirtschaft und Gesellschaft so schnell wie möglich beenden.

- Revision in der Sache: Das am 22. März beschlossene Maßnahmenbündel vorher schon revidieren, aufschnüren, einiges fallen lassen. Tendenz: den Jugendlichen, Kindern und prinzipiell gesunden Erwachsenen das normale Leben, Lernen und Wirtschaften ermöglichen. Geschäfte und Lokale wieder öffnen, wenn wie in vielen Fällen der Kontakt zwischen Menschen kleingehalten werden kann.

- Planung und Verkündung eines Lastenausgleichs zwischen den vermutlichen Corona-Gewinnern und -Verlierern

7. April 2020 von Albrecht Müller

Über die Engstirnigkeit politischer Entscheidungen und ihre Popularität. Ein Essay aus Anlass der Entscheidungen zu Corona[9]

Redaktionelle Vorbemerkung:

Das Folgende ist eine gekürzte Fassung. Im Teil I. hatte ich an acht Beispielen aus der deutschen Geschichte nach dem Zweiten Weltkrieg beschrieben, wie sehr die Politik auch bei großen Entscheidungen dazu neigt, engstirnige, an kurzfristiger Popularität orientierte Erwägungen anzustellen. Weil diese Beispiele zumindest die systematischen Fehler aufzeigen, die auch bei den Corona-Maßnahmen gemacht worden sind, nenne ich in dieser Fassung wenigstens die Überschriften dieses Rückblicks. Die ausführliche Fassung finden Sie auf den NachDenkSeiten.

Angela Merkel ist eine Meisterin des guten Verkaufs schlechter, weil engstirniger politischer Entscheidungen. Das galt für ihre Spar-Politik der Schwarzen Null, es galt für ihre »offenen Arme«, es galt für die Zumutungen gegenüber den Griechen und anderen Völkern des Südens und es gilt jetzt für den Umgang mit dem Corona-Virus. Sie und die mit ihr eng verbundenen Landesregierungen haben am 22. März Entscheidungen getroffen, die (zu Recht) die Warnungen von Virologen und Intensivmedizinern vor Zuständen wie in Italien in die Entscheidung einbezogen haben. Aber sie haben andere Folgen ihres Tuns nicht einbezogen, weil sie davon nichts wussten

---

9 https://www.nachdenkseiten.de/?p=60021

oder nichts wissen wollten. Die einen Experten wurden gehört, die anderen nicht. Die interdisziplinäre Betrachtung ist
jedoch wichtig, wenn man sachgerechte Entscheidungen fällen will. Zur Steigerung der Popularität reicht allerdings die
einseitige Betrachtung, wie man an Angela Merkel und an ihrer jetzt rasant steigenden Popularität gut beobachten kann.

**Teil I: Beispiele für einseitige Betrachtungsweisen und Ent-
scheidungen in der jüngeren und älteren Vergangenheit.**

1. Die Schwarze Null und die Verlotterung der Infrastruktur
2. Angela Merkels offene Arme
3. Wir sind Exportweltmeister und die Folgen für Europa
4. Die »Pleite-Griechen«
5. Konrad Adenauer und Ludwig Erhard sonnten sich im
   Glanz des »Wirtschaftswunders« – ohne besondere Rücksicht auf die soziale Frage
6. Wirtschaftswunder und keine Rücksicht auf die Umwelt
7. Vermehrung der Fernseh- und Hörfunkprogramme und
   ihre Kommerzialisierung ohne Rücksicht auf Demokratie,
   die Psyche der Menschen und Familien mit Kindern
8. Die Westbindung der Bundesrepublik Deutschland ohne
   Rücksicht auf die 17 Millionen in der DDR

**Teil II: Über die Engstirnigkeit politischer Entscheidun-
gen und ihre Popularität – dargestellt am Beispiel Corona.**
Vermutlich gibt es in unser aller Bekannten- und Freundes-
kreis in diesen Tagen eine weit gespannte und kontroverse
Debatte. Die NachDenkSeiten bilden diese breite Debatte immer wieder ab. Es gibt unter unseren Freunden solche, die
dem Konzept der Bundesregierung und der Orientierung an
einigen wenigen Virologen kompromisslos folgen. Sie halten
die Warnungen der Virologen und des Robert Koch-Instituts

vor Verhältnissen wie in den Kliniken in Bergamo und deshalb auch die Entscheidungen vom 22. März für berechtigt – mit allen Konsequenzen für Wirtschaft, Gesellschaft, die menschlichen Beziehungen und die Folgen für viele der betroffenen Menschen.

Auf der anderen Seite stehen viele andere, zum Beispiel Uwe Thomas, ein Kollege aus Bonner Zeiten. Von ihm erhielt ich von Beginn an Warnungen vor den Folgen und jetzt am 3. April eine Mail, die er zur Veröffentlichung freigegeben hat:

Betrifft: Wie gehen wir mit Alten um

Lieber Albrecht Müller,

wir lesen über die Menschen, die sterben und bei denen der Corona-Virus nachgewiesen worden ist. Es sind zurzeit (3. April) etwa 100 jeden Tag und vielleicht steigt diese Zahl auch noch an, obwohl es scheint, als ob das etwa die Größenordnung erreicht. Woran sie am Ende gestorben sind, wissen wir nicht, aber vermutlich spielt dabei die Infektion mit dem Virus für viele eine Rolle.

Am gleichen Tag sterben im März jeden Tag etwa 3 000 Menschen in Deutschland (im März, im Sommer sind es weniger). So steht es in den Statistiken der Momo Euro.

Und bevor sie sterben? Wenn sie noch leben. Was machen wir mit ihnen? Zurzeit befinden sich etwa 800 000 alte pflegebedürftige Menschen in Pflegeheimen und zu Hause sind es 2,6 Millionen alte und pflegebedürftige Menschen. Weil wir glauben, dass 100 oder vielleicht 200 Menschen an diesem verdammten Corona-Virus sterben, quälen wir Millionen alter Menschen, weil wir ihnen die Kontaktpersonen untersagen und in Pflegeheimen nur noch ein Minimum an Fürsorge angedeihen lassen können.

Warum reden wir nicht über die Grausamkeit, welche Folgen diese Kontakte untersagen?

Wer macht sich eigentlich die Zahlen klar, die hinter diesem Leid stehen, welches wir mit der Einsperrung der alten Menschen verursachen?

Weil 100 oder 200 Menschen meist mit Vorerkrankungen den Virus in sich tragen und sterben?

Haben wir kein Mitleid mit den alten Menschen, die noch leben? Wir sterben alle eines Tages, aber vorher sollten wir an die Lebenden denken. Und uns die Zahlen klarmachen. Die kann jeder nachschlagen. Auch unsere Wissenschaftler, die vor allem. Siehe oben.

Uwe Thomas (81 Jahre alt)
Staatssekretär des Bundesministeriums
für Bildung und Forschung a. D.

Wegen der Dringlichkeit, weitsichtiger und umsichtiger mit den Folgen der Entscheidungen vom 22. März umzugehen, als dies die Bundeskanzlerin und die Ministerpräsidenten/innen getan haben und tun, sind als Anhang und zur Unterstützung der Position, die Uwe Thomas formuliert hat, am Ende des Textes zwei Leserbriefe angehängt.

In der Redaktion der NachDenkSeiten haben wir beide Sichten im Blick und wir werden von beiden und einigen mehr gebeutelt. Wir achten jene »Experten«, die uns mit Unterstützung der wichtigsten Medien in Deutschland davor gewarnt haben, Zustände wie in Italien, namentlich in Bergamo, zu bekommen und damit Ärzte und Pflegepersonal zu zwingen, zwischen Menschen verschiedenen Alters und verschiedener Vorerkrankungen entscheiden zu müssen, weil die Beatmungsplätze nicht für alle reichen. Der Versuch, mit Kontaktverboten und anderem dafür zu sorgen, die Kurve der Infektionen und des Bedarfs der Behandlung in Krankenhäusern abzuflachen, war auch aus unserer Sicht sinnvoll.

Aber mussten deshalb so weit reichende Entscheidungen getroffen werden? Warum hat man darauf verzichtet, andere Expertisen in die Entscheidungen über Intensität und Länge der Kontaktverbote einzubeziehen?

Heribert Prantl hatte in seinem Newsletter »Prantls Blick« am 5. April geschrieben:

Die Bundeskanzlerin muss eilig einen großen Krisenstab einrichten, in dem nicht nur Virologen und Gesundheitsexperten, sondern auch Grundrechts- und Gesellschaftsexperten sitzen – Wissenschaftlerinnen und Wissenschaftler, Expertinnen und Experten aus allen Bereichen der Gesellschaft. Sie sollen, sie müssen die Lage umfassend analysieren und den Ausstieg aus dem Lockdown vorbereiten. Das kann, das darf nicht allein die Sache der Naturwissenschaft sein, die ist einseitig, sie ist derzeit medizinisch-virologisch …

Diese Forderung nach einer Erweiterung der Gesichtspunkte freut uns natürlich, schließlich hatten die NachDenkSeiten bereits am 1. April den Versuch unternommen, mehr Vernunft und Abwägung in die Diskussion über die von der Bundesregierung und den Länderregierungen getroffenen Maßnahmen zu bringen.

Aber Vernunft hat es schwer. Denn die öffentliche Präsentation der aus meiner Sicht engstirnigen und nicht sehr weitsichtigen Entscheidungen von Bundesregierung und Landesregierungen ist perfekt. Die meisten Medien machen unkritisch mit. Angela Merkels wiederholte Statements sind meisterhaft formuliert und gestaltet. Voller Sorgen in Text und Anmutung. Aber eben nicht ausreichend umsichtig.

Schon damals, Anfang April 2020, haben wir Leserbriefe zitiert, mit denen auf die weitreichenden Folgen der Entscheidungen zur Corona-Politik hingewiesen wurde. Schon damals haben Menschen erkannt und erlebt, wie wenig durchdacht die Entscheidungen der Verantwortlichen sind.

----

1. Leserbrief

Liebes NDS-Team, lieber Herr Müller,

ich möchte ihnen im Folgenden erzählen, was für Folgen das (Mis)management der sog. Pandemie haben kann, und hoffe inständig, dass dies nur ein Einzelfall in Deutschland darstellt, obwohl ich eher skeptisch bin.

Meine Mutter (80), an Demenz erkrankt, befindet sich seit Okt. 2019 in einem Pflegeheim.

Da sie bis dato nicht versteht, warum sie nicht mehr in ihrer Wohnung leben darf, hat sie eine sog. Hinlauftendenz entwickelt und will zurück in ihre Wohnung. Diese Tendenz ist eigentlich leicht zu kontrollieren und in den meisten Fällen kann man sie auch leicht von ihrem Vorhaben, die Einrichtung zu verlassen, abbringen. Nur muss eben genügend Personal vorhanden sein und ich kann nicht beziffern, wie oft mir als Sohn und Betreuer schon gesagt wurde, dass nicht genügend Personal vorhanden ist, als ob das mein Problem wäre. Mal ganz nebenbei, das Heim gehört zu den teuren im Raum Hannover/Lgh.

Im Zuge der drastischen Maßnahmen der vorgeblichen Pandemie hat das Heim seit dem 10./11.03.2020 den Besuch von Angehörigen untersagt, das Heim sozusagen abgeriegelt.

Ich bin völlig einverstanden mit dieser Entscheidung, geht es doch darum, die größte Risikogruppe vor dem Erreger zu schützen. Nur hat das Heim m. E. nicht genügend Vorkehrungen getroffen, um der Hinlauftendenz meiner Mutter gerecht zu werden. Denn wie soll ich mir sonst erklären, dass es die

Schotten für Angehörige dicht macht, aber meine Mutter in der Lage war in der Nacht zum 25.03.2020 das Haus zu verlassen, um sich, wie sich jetzt herausgestellt hat, vielleicht mit SARS-Cov-2 anzustecken: Sie hatte kurzen Kontakt zu jemanden in dieser Nacht, der 48 Std. später Covid-19 positiv getestet wurde.

Am 30.03.2020 wurde ich vom Gesundheitsamt angerufen und über diesen Umstand aufgeklärt (fünf Tage später!). Man teilte mir mit, dass nach einer Lösung gesucht wird, wie man nun mit diesem Fall weiter verfahren wird. Ich wünsche niemandem diese Erfahrung.

Im Übrigen ist bis heute (01.04.2020) kein Abstrich vorgenommen worden, da erst bei eindeutigen Anzeichen dieser vorgenommen wird.

Als ich mich am folgenden Tag mit der Heimleitung in Verbindung setzte, musste ich feststellen, dass diese, mittlerweile auch vom Gesundheitsamt informiert, keinen Plan hatte, wie jetzt vorgegangen werden soll. Wortwörtlich wurde mir gesagt, dass man auf die Entscheidung des Gesundheitsamtes warte. Als ich die Heimleitung fragte, was sie denn an etwaigen Möglichkeiten sieht, wurde mir gesagt, es gebe die Möglichkeit, meine Mutter, in Absprache mit neurologischen Fachärzten, medikamentös derart zu sedieren, dass ihre Hinlauftendenz besser zu kontrollieren wäre. Mit anderen Worten, sie ruhigzustellen. Oh mein Gott. Im Nachhinein erscheint mir dieser Vorschlag derart unverhältnismäßig, dass ich mir jeden Kommentar dazu verkneife. Mal ganz abgesehen von den nicht zu kontrollierenden/abzusehenden Wechselwirkungen der Psychopharmaka mit einer sich vielleicht entwickelnden Covid-19-Erkrankung.

Ich machte dem Heimleiter den Vorschlag, jemanden einzustellen, das wäre ja wohl die einfachste Lösung, woraufhin ich ein Lachen als Antwort bekam.

Im Grunde ist die Entscheidung über das weitere Vorgehen mir überantwortet worden, im Raum stehen mehrere Möglichkeiten:

1. Meine Mutter wird per richterlichem Beschluss, den ich beantragen muss, in ihrem Zimmer 24 Std. lang eingeschlossen bei mindestens stündlicher Kontrolle, bis die Quarantäne vorbei ist.

2. Meine Mutter wird, wie der Heimleiter andachte, medikamentös ruhiggestellt.

3. Ich hole meine Mutter zu mir nach Haus, in meine Drei-Zimmer-Wohnung mit zwei Hunden und einer Frau, die im Krankenhaus arbeitet, wobei sie sich für den Zeitraum der Quarantäne, unter die auch ich gestellt würde, ausquartieren müsste.

4. Es wird eine Betreuungskraft für den Zeitraum eingestellt, die sich zumindest tagsüber ausschließlich um meine Mutter kümmert, ich wäre auch bereit für diese Kraft aufzukommen (da das Heim offenbar nicht bereit ist).

Zu Punkt 4 sagte der Heimleiter (in einem anderen Telefonat, das ich mit ihm führte), dass ich wohl mit mehreren Tausend Euro rechnen müsste und überhaupt, wo wollten sie die denn herbekommen. Ich erwiderte, da hatte ich mir eigentlich Hilfe von Ihnen erwartet.

Inzwischen habe ich, Stand 01.04.20 um 12.30 Uhr, mit der Heimleitung verabredet, dass ich den richterlichen Beschluss beantragen werde, aber nur, wenn meine Mutter lediglich nachts eingeschlossen würde und sich tagsüber, wenn auch separiert, im Aufenthaltsraum aufhalten könnte. Das kann ich natürlich nicht kontrollieren.

Ich rief also das Amtsgericht Hannover an, aber beim Amtsgericht Hannover war um 12.45 Uhr niemand mehr anzutreffen (Corona-bedingt), wie mir eine nette Dame am Telefon mitteilte, nachdem ich ihr den Fall geschildert hatte. Ich bin auf den nächsten Tag vertröstet worden.

Ich muss jetzt einen weiteren Tag warten, das Heim wartet auf meine Entscheidung und meine Nerven liegen blank.

Ich schreibe Ihnen von meiner Erfahrung, da ich Ihre Arbeit sehr schätze und weiß, dass Sie mit Sicherheit gerne wissen wollen, welche Auswirkungen die momentan in Deutschland praktizierten politischen Entscheidungen haben, Auswirkungen, die ganze Familien bis an die Grenze der Belastbarkeit bringen und ich hoffe, dass dies nur ein Einzelfall ist.

Mit freundlichen Grüßen
Jörg und Gisela W.

P. S.: Die NachDenkSeiten sind unerlässlich für ein kritisches Meinungsbild, ich bin froh, dass es sie gibt :)

Ergänzung nach Anfrage der NachDenkSeiten wegen Bedenken gegen Veröffentlichung der Lesermail:

Sie dürfen meinen Erfahrungsbericht gerne benutzen, Schwierigkeiten scheue ich nicht und ich wäre auch daran interessiert, ob es Menschen gibt, die ähnlich schwierige Zeiten durchmachen …

Ich muss jedoch noch ergänzend hinzufügen, dass die Dame vom Gesundheitsamt außerordentlich fürsorglich und interessiert ist, eine gute Lösung für meine Mutter zu erarbeiten. Ich habe mittlerweile mit ihr eine »Lösung« erarbeiten können, dass meine Mutter per richterlichen Beschluss nachts eingeschlossen werden darf, tagsüber aber separiert von den anderen Bewohnern sich alleine im Aufenthaltsraum aufhalten kann. Da ich jedoch das Heim nicht betreten darf, ohne vorher eine Genehmigung erteilt zu bekommen, kann ich nur hoffen, dass dies auch so umgesetzt wird.

----

2. Leserbrief

Liebe NachDenkSeiten,

ich bewundere ja eure Bemühungen um Ausgewogenheit in dieser Zeit. Was aber viel zu kurz kommt ist m. E. die menschliche Komponente.

Ganz abseits von der Diskussion, ob Drosten oder Wodarg oder sonst wer »recht hat«. Meine Oma ist 85 mit Vorerkrankungen. Einige aus der Familie möchten sie um jeden Preis schützen. Heißt abschotten.

Die andere Fraktion sagt: »Nein. Ohne Kontakt geht sie ein.« Sie war schon vorher depressiv veranlagt. Kontaktarmut würde mit Sicherheit alles verschlimmern. Zudem wäre der Enkel völlig verstört ohne den Kontakt zur Oma. Soll er nun lernen, dass er potenziell gefährlich ist für seine Oma? Und was ist mit den ganzen Menschen, die nun ohne Besuche (die ohnehin selten sind) in den Pflegeheimen allein versterben? Ist das ein Sterben, wie wir es uns wünschen? Sie ist allein verstorben, aber wenigstens nicht an Covid-19? Und fahren wir jetzt jährlich bei solchen Pandemien immer diese Blaupause? Dann ist m. E. niemandem geholfen. Und die, die wir angeblich so schützen wollen, leiden am meisten. Sterben gehört in die Mitte der Gesellschaft. Und wir sollten denjenigen Beistand leisten, die nun diese Welt verlassen. Das ist so aber nicht mehr möglich!

Beste Grüße
Maike Fresenborg

29. April 2020 von Anette Sorg

*Corona – Was mich umtreibt, was viele umtreibt:
Ein andauerndes Chaos*[10]

Redaktionelle Vorbemerkung:

Das Folgende ist eine gekürzte Fassung.

Seit vielen Wochen begleitet mich nun dieses Virus in meinem Job, in meinem Alltag, in meiner Freizeit – und in meinen Gedanken. Wahrscheinlich geht es vielen Leserinnen und Lesern der NachDenkSeiten ähnlich. Deshalb finden Sie hier ein paar zentrale, persönliche Beobachtungen – aufgelistet ohne Anspruch auf Vollständigkeit und Ausgewogenheit. Möglich, dass Sie sich in der einen oder anderen wiederfinden.

Desolate Lage in Pflegeheimen – Personalmangel im Gesundheitssystem

Der weit überwiegende Anteil an Infizierten und an Todesfällen ist in Pflegeheimen festzustellen. Bis auf das Besuchsverbot konnte sich der allgemeine Lockdown dort nicht bemerkbar machen und trotzdem sind dort überdurchschnittlich viele Menschen gestorben. Wenn also die Botschaft unserer Regierenden an uns Regierte lautet: »Es geht um Menschenleben. Es geht um Leben und Tod!«, müsste dann ebendiese Regierung nicht dafür sorgen, dass dort, wo es besonders signifikant um Leben und Tod geht, der Schutz für Personal und Bewohner gewährleistet ist? Durch Schutzkleidung, durch Desinfektionsmittel, durch FFP2-Masken, durch Tests an Bewohnern und Personal (auf Infizierung, aber auch auf Anti-

---

10 https://www.nachdenkseiten.de/?p=60586

körper!)? Niemand kann mir erklären, warum sie das nicht tut. Anspruch und Wirklichkeit klaffen hier meilenweit auseinander.

Dass ältere Menschen auch an Vereinsamung sterben könnten, bevor sie sich mit dem Virus anstecken, wage ich schon nicht mehr zu thematisieren, wird mir doch mit dieser Einlassung unterstellt, ich würde dem Menschenleben als Wert an sich nicht genügend Bedeutung beimessen. Hat aber ein Menschenleben nur die eine Dimension: die Länge oder Dauer? Wir sollten dringend eine ethisch begleitete Diskussion darüber führen, ob nicht auch die Qualität eines Lebens einen Wert darstellt. In manchen Senioren- und Pflegeheimen wäre diese Frage übrigens auch schon vor Corona zu stellen gewesen. »Minutenpflege« kann keine Antwort auf Lebensqualität sein …

Angst ist eine starke Emotion

»Urteile nie über einen Menschen, ehe du nicht 1 000 Schritte in seinen Mokassins gelaufen bist«, sagt ein viel zitiertes Indianersprichwort. Ich versuche, es zu meiner Maxime zu machen, weil ich nicht weiß, warum Menschen große Angst haben oder sich große Angst machen lassen. Ich möchte deshalb auch über niemanden urteilen und ihn oder sie schon gar nicht verurteilen, wenn er anders über dieses Virus denkt, als ich es zwischenzeitlich tue. Auch bei mir ist meine heutige Meinung das Ergebnis eines Prozesses, der auch verbunden war mit der Sorge um mir sehr nahestehende Menschen, die zur »Risikogruppe« gezählt werden. Das heißt: Ich akzeptiere, dass Menschen Angst haben, verstehen muss ich es nicht. Und umgekehrt erwarte ich, dass andere Menschen akzeptieren, dass ich zu einem anderen Ergebnis komme.

Wovor ich mich fürchte, ist, dass es nach Corona sehr viele, schwer heilbare Verletzungen zwischen vormals sich nahestehenden Menschen, vermutlich auch viele endgültige Brüche geben wird.

Eigentlich müssten wir doch alle wissen, dass es nicht nur schwarz und weiß, also die eine oder die andere Sichtweise gibt, sondern dass die Wahrheit oftmals dazwischenliegt. Können wir es nicht mehr aushalten, dass andere Menschen in einer neuen Situation, die wir nicht üben konnten, über die wir viele, aber eben auch widersprüchliche Informationen bekommen, nicht so denken, wie wir das tun? Ist Toleranz nicht mehr modern? In unseren Leitmedien finden sich wenige Verlautbarungen, die von der Regierungssicht oder der RKI-Sicht abweichen, die Opposition in Berlin scheint weitestgehend in Schockstarre zu sein, das Parlament wurde für Verordnungsrechte der Regierung weitestgehend lahmgelegt. Vielleicht ist das der Grund, warum man sich mit anderen »Bewertungen« so schwertut? Weil wir die Auseinandersetzung, das Ringen um die richtige Richtung nicht (mehr) vorgelebt bekommen? Ich habe von gelöschten Videos auf Youtube und Facebook gehört und von (zeitweiliger) »Nicht-Erreichbarkeit« von Homepages. Wenn dies keine technischen Ursachen hatte, sondern die Tatsache, dass nicht »auf Linie« berichtet wurde, erinnert mich das sehr an die Zukunftsromane von George Orwell (*1984*) und Aldous Huxley (*Schöne Neue Welt*) und nicht an eine streitbare Demokratie.

Frauenministerin nicht im Krisenstab – Wertigkeit von Familie im Allgemeinen und von Frauen insbesondere

Wir können eine Mehrfachbetroffenheit in dieser Corona-Zeit und deren Beschränkungen bei Familien und insbesondere bei Frauen feststellen. Sie sind Alleinerziehende, Minijobber/innen, systemrelevante (und damit häufig einhergehend schlechtbezahlte) Erwerbspersonen, Kinderbetreuer/innen, Ersatzlehrer/innen, häuslich Pflegende und von häuslicher Gewalt Betroffene. Eine Familienministerin im Krisenstab sucht man dennoch vergeblich, wo doch sonst der Artikel 6 unseres Grundgesetzes so in den Vordergrund gestellt wird.

Wir nehmen mehrheitlich nicht mehr zur Kenntnis, was sonst passiert

Der Regenwald im Amazonasgebiet wird in unvorstellbarem Ausmaß abgeholzt, in Afrika hungern Millionen Menschen, auch wegen Dürre und Heuschreckenplage und nun zusätzlich wegen Corona, die Situation in den Flüchtlingslagern in Griechenland und der Türkei ist katastrophal, die Kriegsministerin bestellt Kampfflugzeuge, die US-Atomwaffen transportieren können, unsere Militärausgaben schnellen in astronomische Höhe, die Folgen des Klimawandels werden durch den Lockdown zwar minimal geringer, bleiben allerdings eine bevorstehende Katastrophe von sicher größerem Ausmaß als die aktuelle Pandemie ... Können wir uns bitte wieder von der Nabelschau abwenden und sehen, was jenseits unseres Nabels totgeschwiegen oder mindestens bagatellisiert wird?

Klassengesellschaft und moderner Sklavenhandel

Bürokräfte sind ratzfatz im Home-Office verschwunden. Verkäufer/innen im Lebensmittelhandel stehen von Anfang mit ihrer Arbeitskraft zur Verfügung und damit unter Virenbeschuss. Und das über viele Wochen ohne zusätzliche Schutzmaßnahmen. Vom Umgang mit z.B. LKW-Fahrern, ungeschützten Pflegekräften in Kliniken, Arztpraxen, Alten- und Pflegeheimen und Saisonarbeitskräften in der Landwirtschaft aus ärmeren europäischen Ländern ganz zu schweigen. Die einen bekommen ihr Gehalt weiter, die anderen kämpfen um die nackte Existenz. Die einen sitzen geschützt im Home-Office, die anderen bewegen sich ständig in der Nähe des Virus.

Insofern ist dieses auch ein Klassen-Virus, das zwar bei der Wahl seiner Wirte keinen Unterschied nach Arm und Reich zu machen scheint, die Maßnahmen zum Schutz vor diesem Virus tun dies aber umso mehr.

Das Virus – Ein Spalter

Wir wissen immer noch nicht genug darüber, wie gefährlich und wie tödlich das neue Corona-Virus ist. Was wir wissen, ist, dass es bestimmte »Gruppen« stärker trifft als andere. Was ich aber mit Sicherheit weiß, ist, dass dieses Virus ein »Spalter« ist oder mindestens zur Spaltung missbraucht wird (*Divide et impera!*).

Deshalb wünsche ich mir, dass wir weiter leidenschaftlich (und aufgrund vieler Fakten und sich verändernder Erkenntnisse) diskutieren, gerne emotional, aber die jeweils andere Position nicht abwertend. Erst in der Rückschau werden wir wissen, was falsch, was richtig, was zu spät, zu früh, zu übertrieben oder nicht ausreichend genug war. Erlauben wir nicht, dass uns eingeredet wird, dass es jetzt nicht die Zeit für Diskussionen, sondern die Zeit für Handlungen, Ge- und Verbote sei. Das Recht auf Leben ist ein Grundrecht und ein hohes Gut. Aber auch die Art und Weise des Schutzes dieses Lebens muss diskutierbar und hinterfragbar sein. Jederzeit.

6. Juli 2020 von Jens Berger

Ausnahmeregelungen für Krankenhauskonzerne,
einen Tritt in den Hintern für das Pflegepersonal[11]

Für wenige Wochen waren sie die »Corona-Helden«. Doch außer Applaus und wohlfeilen warmen Worten ist für das Pflegepersonal in Deutschlands Krankenhäusern wenig herumgekommen. Keines der massiven Probleme, die bereits vor Corona bekannt waren, wurde von der Politik seitdem angegangen und es ist äußerst unwahrscheinlich, dass sich daran etwas ändern wird. Im Gegenteil: Um einen Zusammenbruch der stationären Pflege in der damals prognostizierten exponentiellen Zahl von Covid-19-Schwerstkranken zu verhindern, wurden zahlreiche patienten- und mitarbeiterfreundliche Richtlinien außer Kraft gesetzt – temporär, wie es damals hieß. Heute spielt Covid-19 im Krankenhausalltag keine nennenswerte Rolle mehr. Die Ausnahmeregeln sind jedoch immer noch in Kraft und die Ausnahmen mit kürzeren Fristen werden trotz massiv sinkender Fälle munter immer wieder erneuert. Die Profiteure dieser Schock-Strategie sind die Krankenhausbetreiber. Die Leidtragenden sind die Patienten und vor allem das Pflegepersonal.

Um die vielerorts nur noch katastrophal zu nennende Unterbesetzung in den Krankenhäusern zumindest im Ansatz zu lindern, hat die Bundesregierung im Oktober letzten Jahres Personaluntergrenzen für besonders pflegeintensive Bereiche verabschiedet. So sollten beispielsweise in der Geriatrie tagsüber maximal 10 Patienten auf eine examinierte Pflegekraft kommen, nachts sollten es maximal 20 Patienten sein. In der tristen Realität ist diese Zahl oft doppelt so hoch.

---

11 https://www.nachdenkseiten.de/?p=62701

Angeblich ist dafür der vielzitierte Fachkräftemangel verantwortlich. Betriebswirtschaftlich ist es jedoch reizvoll, die gleiche Zahl an Patienten mit der halben Zahl an Pflegekräften zu versorgen und daher verwundert es auch nicht, dass die Maßnahmen, diesen Personalmangel in den Griff zu bekommen, in der Vergangenheit bestenfalls halbherzig waren. Genau an dieser Stelle sollte auch die »Pflegepersonaluntergrenzen-Verordnung« ansetzen. Häusern, die sich nicht an die Untergrenzen halten, wurden Abzüge bei der Vergütung in Aussicht gestellt. Von der Idee her war das durchaus zu begrüßen.

Doch dann kam Corona und die anfänglich kursierenden Horrorszenarien prophezeiten den baldigen Zusammenbruch der medizinischen Infrastruktur. Die Politik handelte schnell und verschaffte den Krankenhausbetreibern Flexibilität, indem sie die gerade erst verabschiedeten Personaluntergrenzen schleunigst außer Kraft setzte. Seit Ende März müssen die Krankenhäuser keine Personaluntergrenzen einhalten und sind sogar gänzlich von der Dokumentation des Pflegeschlüssels befreit.

Ergänzt wurde diese Befreiung um einen ganzen Reigen von Maßnahmen, die die Klinikbetreiber auch noch von »Dokumentations- und Nachweispflichten« befreiten. Letzteres klingt nach Bürokratieabbau. Sicherlich ist es nicht sinnvoll, wenn Stationsleitungen und verantwortliche Ärzte sich mitten in einer medizinischen Katastrophe mit »Papierkram« beschäftigen müssen. Doch dieser »Papierkram« hat wenig bis nichts mit grauer Bürokratie zu tun. Hierbei geht es vielmehr um Maßnahmen und Richtlinien, die man in anderen Bereichen als Qualitätskontrolle beschreiben würde. In einem Nachsatz heißt es in der Richtlinie daher auch konsequenterweise, dass die Kliniken auch von den »dazugehörigen Kontroll- und Sanktionsmechanismen« befreit werden. Und diese

Befreiung ist nicht nur medizinisch, sondern auch ökonomisch tiefgreifend.

So wurde beispielsweise die MDK-Qualitätskontrolle-Richtlinie, die unter anderem falsche Abrechnungen der Krankenhausbetreiber durch Kontrollen durch den medizinischen Dienst der Krankenkassen erschweren soll, kurzerhand ausgesetzt. Diese Regelung gilt bis zum 31. Oktober 2020. Interessant in diesem Kontext auch ein Passus, der eine »rückwirkende Kontrolle des Zeitraums der Pandemie bei Kontrollen ab dem 1. November« untersagt. Mit anderen Worten: Bis zum 1. November werden die Krankenhäuser nicht durch den MDK kontrolliert und können in diesem Zeitraum im Grunde sogar abrechnen, was sie wollen, da eine Nachkontrolle untersagt ist.

Gleich bis zum Ende 2020 wurden die Mindestanforderungen an die Qualifizierung des Personals ausgesetzt. So wurden beispielsweise die Mindestanforderungen für das Pflegepersonal, das in den Bereichen Kinderherzchirurgie, Früh- und Reifgeborene, der Kinderonkologie oder in der Psychiatrie tätig ist, kurzerhand außer Kraft gesetzt. Seitdem dürfen die Krankenhäuser auch frisch examinierte Pflegekräfte ohne jegliche fachliche Zusatzausbildung in diesen sensiblen Bereichen arbeiten lassen. Klar, ein Krankenpfleger im ersten Berufsjahr ohne Zusatzqualifikation ist nun einmal wesentlich »günstiger« als eine altgediente Fachkraft, die gleich ein paar Besoldungsstufen höher rangiert. Praktisch, dass man auch gleich die Qualitätsprüfungsrichtlinien in den sensiblen Bereichen außer Kraft gesetzt hat. Diese – und viele andere – Aussetzungen geltender Richtlinien wurden zumeist Ende März verabschiedet und die Änderungen mit kurzen Laufzeiten wurden zuletzt am 15. Mai verlängert. Dies wurde explizit mit den »zu erwartenden Belastungen der Krankenhäuser durch die Ausbreitung von Covid-19« begründet. Am

15. Mai betrug die Zahl der aktiven Covid-19-Fälle jedoch »nur« noch 14216 und dies bei klar sinkender Tendenz. Von welchen »zu erwartenden Belastungen« ist hier also die Rede?

Zurzeit gibt es in Deutschland 5338 positiv getestete Personen. Laut Intensivregister sind 307 Patienten mit Covid-19 in intensivmedizinischer Behandlung – und dies bei 31787 Intensivbetten. In vielen Kliniken hat man seit Wochen keinen Covid-19-Patienten mehr gesehen, die eigens eingerichteten Isolierstationen sind längst wieder abgebaut und die Kliniken sind zu »business as usual« übergegangen. Nicht ganz. Die »Corona-bedingten« Ausnahmeregelungen sind immer noch in Kraft und viele Ausnahmen, wie die Aufhebung der Personaluntergrenze, bleiben ohnehin noch (mindestens) bis zum Jahresende bestehen, da der Gesetzgeber »wohlweislich« keine zwischenzeitliche Überprüfung vorgesehen hat, die bei der Lage der Dinge negativ ausfallen müsste.

So wird dem Pflegepersonal einmal mehr in den Hintern getreten. In den ersten Wochen der Krise ernteten sie Applaus und wohlfeile Solidaritätsbekundungen der Politik; nur dass man sich weder von Applaus noch warmen Worten etwas kaufen kann. Dann brachte Jens Spahn plötzlich für »das Pflegepersonal« eine einmalige »Respektprämie« von 1500 Euro ins Spiel. Am Ende gingen jedoch die Krankenschwestern und -pfleger leer aus. Diesen kleinen monetären Respekt zollte die Politik lediglich den Pflegekräften in den Altenheimen. Dass auch Pflegekräfte in den Krankenhäusern eine Prämie bekommen sollten ... davon war im Kleingedruckten halt nie die Rede, auch wenn sicher alle Beschäftigten das anders verstanden haben.

Wie groß der Respekt für sie ist, zeigen die genannten Sonderrichtlinien, die ohne Ausnahme der Wunschliste der Klinikbetreiber entspringen und ohne Ausnahme zu Lasten der

Patienten und vor allem zu Lasten des Pflegepersonals gehen. Erst Applaus, dann ein Tritt in den Hintern. Wer Respekt erhofft, sollte wohl besser einen anderen Job ergreifen. Traurig, aber wahr.

IV. Schlusswort: Die im Dunkeln sollte man endlich auch sehen – und was tun

Aufklären. Intervenieren. Dass die uns alle umtreibende Politik, die uns in unserem Alltag und in unserer Freizeit, in unseren Familien, in unseren persönlichen Beziehungen und im Beruf betrifft, so einseitig von medizinischen Überlegungen ausgeht und so wenig die menschlichen, sozialen und existenziellen Folgen ihres Tuns mit einbezieht, muss ein großes Thema der zwischenmenschlichen und öffentlichen Debatte werden. Das ist die Grundvoraussetzung dafür, dass es uns dann vielleicht allen ein bisschen besser geht, dann nämlich, wenn wir die politisch Verantwortlichen gezwungen haben, umsichtiger und damit menschlicher zu werden, nicht so gesundheitspolitisch schematisch, wie wir das seit März des Jahres 2020 erleben.

Diese Dokumentation der Berichte von 70 Zeitzeugen soll helfen, die Wirklichkeit jener, die im Dunkeln sind, zu einem großen Thema werden zu lassen. Das geht nur dann einigermaßen gut, wenn Sie Gespräche führen, wenn Sie mit anderen Menschen über Ihre eigenen und über deren Erfahrungen mit der Corona-Politik sprechen, wenn Sie dieses kleine Buch weitergeben, andere lesen lassen. Sie können sich die eindrucksvollsten Berichte anstreichen und diese anderen Menschen vorlesen, jedenfalls darüber sprechen.

Eine Politikerin hat zur Kennzeichnung von Menschen, die nicht alles mitmachen wollen, was die Bundesregierung und die Landesregierungen verfügt haben, und deshalb protestieren, einen hochgradig unpassenden Ausdruck gebraucht: Sie seien »Covidioten«. Dieses Wort ist schrecklich. Aber es passt eigentlich ganz gut zur Kennzeichnung jener, die sich nur von Virologen beraten lassen und die gesamten menschlichen Bezüge außer Acht lassen, unbewusst oder bewusst missachten. Am deutlichsten wird das bei dem in der Dokumentation der Zeitzeugen sichtbaren schlimmen Umgang mit Kindern und mit alten Menschen.

Sorgen wir dafür, dass wieder Vernunft in die Politik einkehrt. Mehr Weitsicht und mehr Umsicht – zwei Tugenden, die man der Politik von Herzen wünschen muss.